AF561214

Ånd, Sjel og Kropp I

Fortellingen om vår Gåtefulle jakt etter vårt eget "Ego"

Ånd, Sjel og Kropp I

Dr. Jaerock Lee

Ånd, Sjel og Kropp I av Dr. Jaerock Lee
Utgitt av Urim Bøkene (Representant: Kyungtae Noh)
73, Yeouidaebang-ro 22-gil, Dongjak-gu, Seoul, Korea
www.urimbooks.com

Alle rettigheter har blitt forbeholdt. Denne boken eller deler av den kan ikke bli kopiert i noen som helst form, oppbevart i ett oppbevarings system, eller utgitt i noen som helst form eller på noen som helst måte, elektronisk, mekanisk, kopiert, innspilt eller på noen annen måte uten forhånds tillatelse ifra forlaget.

Opphavsrett © 2017 av Dr. Jaerock Lee
ISBN: 979-11-263-0304-5 04230
ISBN: 979-11-263-0250-5 (set)
Oversettelses Opphavsrett © 2012 av Dr. Esther K. Chung. Brukt ved tillatelse.

Tidligere utgitt i koreansk av Urim Bøkene i 2009.

Først Utgitt mai 2017

Redigert av Dr. Geumsun Vin
Formgitt av Urim Bøkenes Redigeringsbyrå
For mer informasjon, ta kontakt med: urimbook@hotmail.com

Forord

Mennesker vil vanligvis være vellykket og leve et lykkelig, komfortabelt liv. Men selv om de har penger, makt, og berømmelse, er det ingen som kan rømme ifra døden. Shir Huang-di, gamle Kina's første Keiser, levde et livseliksir, men han kunne heller ikke unngå døden. Men gjennom Bibelen har Gud lært oss om hvordan vi kan få et evig liv. Et slikt liv lever vi gjennom Jesus Kristus.

Fra den dagen jeg aksepterte Jesus Kristus og begynte å lese Bibelen, begynte jeg og grundig forstå Guds hjerte. Gud svarte med etter sju år med utallige bønner og faste perioder. Etter at jeg åpnet en kirke, fortalte Gud meg om mange vanskelige ferder i Bibelen gjennom inspirasjonen fra den Hellige Ånd, og en av disse er de detaljerte innholdene i 'Ånd, Sjel og Kropp'. Dette er den gåtefulle fortellingen som får oss til å forstå menneskenes opprinnelse og som tillater oss å forstå oss selv. Dette er hva jeg ikke kunne høre noen andre steder, og det er min lykke som er større enn jeg kan beskrive.

Når jeg preket om disse budskapene vedrørende ånd, sjel og kropp, oppstod det mange vitneutsagn og reaksjoner fra både den innenrikse og utenrikse Korea. Mange sa at de selv innså, forstod hva slags mennesker de var, og mottok svar på mange vanskelige vers i Bibelen, og at de også forstod hvordan de kunne motta det sanne livet. Noen av disse menneskene sier at de nå har et mål om å bli et åndelig menneske og delta i Guds guddommelige natur og de kjemper om å oppnå det som har blitt skrevet ned i Peters 2. brev 1:4, som sier, *"Slik har vi fått de største og mes dyrebare løfter. Ved dem skulle dere få del i guddommelig natur når dere har sluppet unna forfallet, som kommer fra lystene i verden."*

Sun Tzu's *Krigens Kunst* sier at hvis du kjenner deg selv og din fiende, da vil du aldri tape. Budskapene vedrørende "Ånd, Sjel og Kropp" viste oss den delen av oss 'selv' og de lærte oss om menneskenes opprinnelse. Så fort vi lærer og fullstendig forstår dette budskapet, vil vi også kunne forstå alle personer. Vi vil også kunne lære måter å seire over de mørke maktene som har rammet oss, slik at vi så kan leve et seirende kristelig liv.

Jeg takker Geumsun Vin, direktøren i Redigeringsbyrået og de ansatte som har viet seg selv til utgivelsen av denne boken. Jeg håper dere vil vokse i alt det dere gjør og at dere vil holde dere friske idet deres sjel utvikler seg, og at dere deltar i Guds guddommelige natur.

Juni 2009,

Jaerock Lee

Å Begynne Reisen angående Ånden, Sjelen og Kroppen

"Må Han, fredens Gud, hellige dere helt igjennom,
Og må deres ånd, sjel og kropp bli bevart uskadet,
Så dere ikke kan klandres for noe når vår Herre Jesus Kristus kommer."
(1. Tessaloniker 5:23)

Teologer har diskutert om de menneskelige faktorene, mellom dikotomi teorien og tredelings teori. Dikotomi teorien sier at menneskene kommer opprinnelig fra to deler: ånd og kropp, mens tredelingsteorien sier at det finnes tre deler: ånd, sjel og kropp. Denne boken er basert på tredelingsteorien.

Kunnskap kan vanligvis bli delt opp i kunnskapen angående Gud og kunnskap angående mennesker. Det er veldig viktig at vi får kunnskap om Gud mens vi lever her på jorden. Vi kan leve et liv med mye suksess og få et evig liv når vi forstår Guds hjerte og følger Hans vilje.

Mennesker ble skapt i Guds speilbilde, og uten Gud kan de ikke leve. Uten Gud kan mennesker heller ikke fullt forstå deres opprinnelse. Vi kan bare få svar på spørsmålet om menneskenes opprinnelse når vi kjenner til hvem Gud er.

Ånden, sjelen og kroppen tilhører et område som vi ikke kan forstå med bare menneskelig kunnskap, visdom og makt. Det er et område som vi bare kan finne ut av gjennom Gud som forstår menneskenes opprinnelse. Det er den samme tankegangen som for den som bygget datamaskinen som har en profesjonell kunnskap om datamaskinens sammensetning og prinsipper, og det er konstruktøren som kan løse alle problemene som har med datamaskinen å gjøre. Denne boken er full av åndelig kunnskap angående den fjerde dimensjonen som gir oss et klart svar på spørsmålene angående ånden, sjelen og kroppen.

De distinktive tingene som leserne kan lære fra denne boken omfatter følgende:

1. Gjennom åndelig forståelse angående ånden, sjelen, og kroppen, som er menneskenes ingredienser, kan leserne se inn i sitt 'ego' og oppnå forståelse på selve livet.

2. De kan få en fullstendig forståelse på hva slags person de egentlig er og hva slags 'ego' de har skapt. Denne boken får leserne til å kunne forstå seg selv akkurat som Apostelen Paulus sa i 1. Korinterne 15:31, *"Jeg dør daglig"* om å kunne fullføre hellighet og bli åndelige mennesker akkurat som Gud ønsker.

3. Vi kan unngå å bli fanget av fiende djevelen og Satan, og bare få makten til å vinne over mørket når vi forstår oss selv. Akkurat som Jesus sa, *"De som Guds ord kom til, blir altså i loven kalt guder, og Skriften kan ikke settes ut av kraft"* (Johannes 10:35), vil denne boken vise en letter vei for leserne som vil være med på Guds hellige natur og motta alle velsignelsene som Gud har lovet.

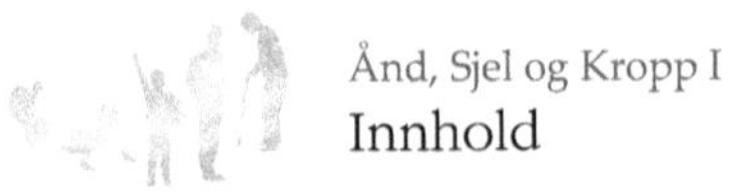

Innhold

Ånd, Sjel og Kropp II
Innhold

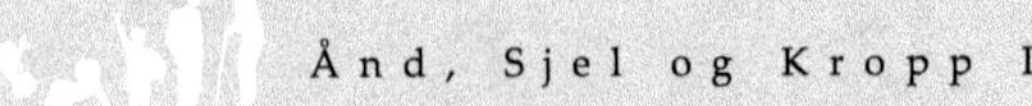
Ånd, Sjel og Kropp I

Del 1

Dannelsen av Kjøttet

Hva er Menneskets Opprinnelse?
Hvor kom vi fra og hvor går vi?

"For det var Du som skapte mitt indre;
Du har vevd meg i min mors livmor.
Jeg vil takke Deg,
for jeg er skapt med redsel og vidunderlighet.
Vidunderlig er Ditt arbeid,
og min sjel vet det så godt.
Mine ben ble ikke gjemt ifra Deg,
når jeg ble skapt i all hemmelighet,
og ble formet i jordens dyp;
Du så meg den gang jeg var et foster;
i Din bok ble alt skrevet ned
og mine dager ble dannet
før en eneste av dem var kommet."
- Salmenes bok 139:13-16

1. Kapittel

Begrepet om Kjøttet

Kroppen til mennesket som til slutt blir til en håndfull med støv ettersom tiden går; all maten som menneskene spiser; alle tingene som menneskene ser, hører, og nyter; og alt det de lager, er et eksempel på det 'kjødelige'.

Gjennom menneskenes historie har mennesker søkt etter svaret på 'Hva er mennesket?' Svaret på dette spørsmålet vil gi oss svar på andre spørsmål som for eksempel, "Hvorfor lever vi?" og "Hvordan er det meningen at vi skal leve livet vårt?" Undersøkelser, analyser, og kontemplasjoner om menneskets tilværelse har blitt utført mye i verden rundt filosofi og religion, men det er ikke lett å finne et klart og kortfattet svar.

Men uansett vil mennesker om og om igjen og konstant prøve å finne svaret som fremmer spørsmålene på "Hva slags menneske er mannen?" og "Hvem er jeg?" Slike spørsmål blir spurt på grunn av at svaret på disse spørsmålene kan ganske enkelt bli nøkkelen til å løse de fundamentale problemene på menneskers tilstedeværelse. Undersøkelsene her i denne verden kan ikke gi oss et klart svar på slike spørsmål, men Gud kan. Han skapte universet og alle tingene i den, og Han skapte mennesket. Guds svar er det riktige svaret. Vi kan finne nøkkel til slike spørsmål i Bibelen, det som er Guds Ord.

Teoretikere vil ofte dele opp menneskers oppbyggelse i to kategorier: 'ånd' og 'kropp'. Den delen som danner den psykiske egenskapen blir kategorisert som 'ånden' og delen som danner den synlige, fysiske delen blir kalt 'kropp', men Bibelen kategoriserer menneskets oppbyggelse inn i tre deler: ånd, sjel og kropp.

1. Tessalonikerne 5:23 sier, *"Må Han, fredens Gud, hellige dere helt igjennom, og må deres ånd, sjel og kropp bli bevart uskadet, så dere ikke kan klandres for noe når vår Herre Jesus Kristus kommer."*

Ånd og sjel er ikke den samme tingen. Det er ikke bare navnet som er forskjellig, men de har forskjellig egenskap. For å kunne forstå hva 'et menneske' er, må vi lære hva kropp, sjel og ånd er.

Hva er Kjøtt?

Først, la oss se på ordbøkenes forklaring vedrørende ordet: 'kjøtt'. Merriam-Webster Ordboken sier at kjøtt er "den myke delen av kroppen til et dyr og da spesielt det vertebral; spesielt: delene som hovedsakelig er laget av ben muskel som blir atskilt fra de indre organene, beina, og hud." Det kan også referere til de spiselige delene fra et dyr. Men å kunne forstå hva 'kjøtt' betyr bibelsk sett, må vi forstå den åndelige meningen i stedet for forklaringen i ordboken.

Bibelen vil bruke ordene 'kropp' og 'kjøtt' til vanlig. I de fleste tilfeller har de den åndelige forklaringen. På en åndelig måte, er kjøttet den generelle betegnelsen for ting som dør, forandrer seg, og til slutt forsvinner ettersom tiden går. Det er også tingene som er skitne og urene. Trær som har grønne blader vil før eller siden tørke ut og dø, og de har grener og stammer som også til slutt kan ende opp som ved. Trærne, plantene, og alle tingene i naturen vil dø, råtne og forsvinne ettersom tiden går. De er derfor alle kjødelige.

Hva med mennesker, herrene over alle skapningene? Vi har i dag rundt 7 billioner mennesker i verden. Selv akkurat nå er det hele tiden noen barn som blir født her på jorden, og andre steder hvor mennesker hele tiden dør. Når de dør, blir kroppene deres igjen bare en håndfull med støv, og de er også kjødelige. Og mat som blir spist, ting som blir sagt, alfabeter som skriver ned tanker, og den vitenskapelige og teknologiske sivilisasjonen som menneskene trenger, er også kjødelig. De råtner, forandrer seg, og dør ettersom tiden går. Alt som vi derfor ser her på jorden, og alle tingene her i universet som vi kjenner til, er 'kjødelig'.

Mennesker som forlot Gud, er kjødelige mennesker. Det som de lager er også 'kjødelig'. Hva lager og søker de kjødelige menneskene etter? De søker bare etter kjøttets begjær, øynenes begjær, og livets skrytende stolthet. Selv sivilisasjonene som mennesket har dannet blir formet på grunn av de fem sansene til menneskene. De er der for å søke etter begjæret og for å fullføre deres kjødelige begjær og ønsker. Etter som tiden har gått har mennesker søkt mer og mer etter sensuelle og provoserende ting. Jo mer sivilisasjonen utvikler seg jo mer begjærlig og demoraliserende har mennesker blitt.

Så lenge det vil finnes synlig 'kjøtt', finnes det også usynlig 'kjøtt'. Bibelen sier at hat, krangling, misunnelse, mord, utroskap, og alle naturene som er forbundet med synd, er kjødelig. Akkurat som duften av blomster hvor luften og vinden eksisterer, men er usynlig, finnes det også usynlige syndige egenskaper i menneskenes hjerter. Alle disse er også 'kjødelige'. Kjøttet er derfor den generelle bemerkelsen for alle tingene i universet som forsvinner og forandrer seg med tiden, og alle usanne ting som synder, ondskap, urettferdigheter, og ulovligheter.

Romerne 8:8 sier, *"...og de som er kjødelige kan ikke tilfredsstille Gud."* Hvis dette 'kjøttet' vil simpelthen referere til menneskenes fysiske kropp, betyr dette at det ikke finnes noe menneske som noen gang kan tilfredsstille Gud. Så dette må derfor ha en annen mening.

Jesus sa også i Johannes 3:6, *"Det som er født av kjøtt, er kjøtt, men det som er født av Ånden, er ånd,"* og i Johannes 6:63, *"Det er Ånden som gjør levende, kjøtt og blod duger ikke. De ordene Jeg har talt til dere, er ånd og liv."* 'Kjøtt' refererer også her til de tingene som forsvinner og forandrer seg, og det er derfor Jesus sa at de ikke får noe igjen for det.

Mennesker Er Uverdige, har Ingen Verdi, Hvis De Forblir Kjødelige

I motsetning til dyr, søker mennesker etter visse verdier som er basert på deres følelser og tanker. Men disse er ikke evige, og de er derfor alle kjødelige. Tingene som menneskene ser på som verdifulle som for eksempel rikdom, berømmelse, og kunnskap, er også meningsløse ting som snart vil forsvinne. Hva med følelsen, 'kjærlighet'? Når to mennesker er kjærester, vil de kanskje si at de ikke kan leve uten hverandre. Men mange av disse parene vil endre deres mening etter at de er gift. De vil lett bli sinte og frustrerte og til og med bli voldelige bare på grunn av at de ikke liker noe. Alle disse endrende følelsene er også kjødelig. Hvis mennesker forholder seg i kjøttet, er de ikke noe annerledes enn dyr eller planter. I Guds øyne er alle ting som vil forsvinne og dø bare kjødelig.

1. Peter 1:24 sier, *"For hvert menneske er som gress og all dens prakt som blomsten I gresset. Gresset visner, og blomsten faller av,"* og Jakob 4:14 sier, *"Og så vet dere ikke engang hvordan livet deres blir i morgen! Dere er jo bare røyk, synlig en kort stund og så borte."*

Kroppen og alle tankene til menneskene er alle meningsløse siden de forlot Guds Ord, Han som er ånden. Kong Salomos nøt all æren og rikdommen et menneske kan nyte her på jorden, men han innså hvor ubetydelig kjøttet var og sa, *"'Alt er tomhet,' ... 'Ja alt er bare tomhet! Alt er tomhet.' Hva har menneskene igjen for sitt strev. Av alt de sliter med under solen?"* (Forkynneren 1:2-3)

Alle Tingene i Universet Har Forskjellige Dimensjoner

Dimensjonene i fysikk eller matematikk blir bestemt av en eller tre koordinerte som vil bestemme dens posisjon i universet. Et punkt på en linje har en koordinator, og den er endimensjonal. Et punkt på et fly har to koordinatorer, og dette er todimensjonelt. På samme måte har et punkt i luften tre koordinatorer, og dette er tredimensjonelt.

Luften som vi lever i er en tredimensjonal verden når vi prater om pfysikk. I en dypere del av fysikken vil de se på tiden som en del av den fjerdedimensjonen. Det er slik en forstår dimensjoner i vitenskapen.

Men når en ser på ånden, sjelen og kroppen, da kan dimensjonene generelt sagt bli delt inn i den fysiske dimensjonen og den åndelige dimensjonen. En fysisk dimensjon kan havne fra en 'udimensjonal' til en 'tredjedimensjonal' kategori. Først vil det udimensjonale referere til tingene som ikke har noe liv. Steiner, jord, vann, og metaller tilhører denne kategorien. Alle de levende tingene tilhører den første, andre, eller de tredjedimensjonale kategoriene.

Den førstedimensjonale refererer til de tingene som har liv og som puster, men som ikke kan flytte på seg. Det vil si de ikke funksjonelle bevegelighetene. Denne dimensjonen inkluderer blomster, gras, trær og andre planter. De lever, men de har ingen sjel og ånd.

Den andredimensjonen inkluderer levende ting som kan puste, bevege seg, og har både en kropp og en sjel. De er dyr som løver, kuer, og sauer; de er fugler, fisker og insekter. Hunder kan igjenkjenne deres herre og bjeffe på fremmede, fordi de har en sjel.

De tredjedimensjonale inkluderer tingene som puster, beveger seg, og som har en sjel og en ånd som ligger i deres synlige kropp. Det refererer til menesker som er herre over alle skapninger. I motsetning til dyr har mennesker en ånd. De kan tenke og søke etter Gud, og de kan tro på Gud.

Det finnes også en fjerdedimensjon som vi kan se med våre øyne. Det er den åndelige dimensjonen. Gud som er ånden, den himmelske verten, englene, og basunenglene, vil alle tilhøre den åndelige dimensjonen.

Høyere Dimensjoner Undertrykker og Har Kontroll over de Lavere Dimensjonene

Mennesker på det andredimensjonale nivået kan undertrykke og kontrollere ting på det førstedimensjonale eller de lavere dimensjonale ting. Mennesker på det tredjedimensjonale nivået kan undertrykke og kontrollere ting på det andredimensjonale nivået eller andre dimensjoner på lavere nivåer. Lavere dimensjonale mennesker kan ikke forstå dimensjonene som ligger høyere enn deres egen. Det første dimensjonale livet kan ikke forstå de på det andredimensjonale og de som lever på det andredimensjonale nivået, kan ikke forstå livet på det tredjedimensjonale. Anta for eksempel at en person for eksempel sår noen visse frø i bakken, vanner det, og tar vare på det. Når frøet begynner å spire, vil det vokse opp til et tre, og så vil det bære frukter. Dette frøet kan ikke forstå hva mennesket gjorde for dem. Selv når marker blir tråkket på av mennesker og dør, vet de ikke hvorfor. De høyere dimensjonene kan undertrykke og kontrollere de som er på de lavere dimensjonene, men generelt sagt har ikke de som befinner seg på den lavere dimensjonen noe valg enn å bli styrt av de på de høyere dimensjonene.

Det er på samme måte med de som befinner seg på tredjedimensjonen. De forstod heller ikke det åndelige rike i verdens fjerdedimensjon. Så kjødelige mennesker kan virkelig ikke gjøre noe med underkuing og kontrollen fra demonene. Men hvis vi kaster bort det kjødelige og blir åndelige mennesker, da kan vi komme inn til den fjerdedimensjonale verden. Så vi kan undertrykke og seire over onde ånder.

Gud som er ånden vil gjerne at Hans barn skal forstå den fjerdedimensjonale verden. På denne måten kan vi forstå Guds vilje, adlyde Ham, og motta livet. I Første Mosebok 1. Kapittel, undertrykket og styrte Adam over alle ting før han spiste av treet med kunnskapen om godt og ondt. På et tidspunkt var Adam en levende ånd og han tilhørte den fjerdedimensjonen. Men etter at han syndet, døde hans ånd. Ikke bare Adam selv, men alle hans etterkommere tilhørte nå tredjedimensjonen. Så la oss nå se hvordan mennesker som ble skapt av Gud falt ned til tredjedimensjonen, og hvordan de kan komme tilbake til den fjerdedimensjonen her i verden.

2. Kapittel

Skapelsen

Gud Skaperen laget en utrolig plan for den menneskelige utviklingen.
Han separerte Guds plass inn i fysisk og åndelig plass
og Han skapte himlene og jorden og alle tingene i dem.

1. Den Mystiske Oppdelingen av Verdens rommene
2. Fysisk Plass og Åndelig Plass
3. Mennesker med Ånd, Sjel og Kropp

Siden før tidens begynnelse, eksisterte Gud helt alene i universet. Han eksisterte som Lyset og styrte over alle ting som beveget seg i hele universets uendelige plasser. I 1. Johannes 1:5 står det at Gud er Lyset. Det vil hovedsakelig referere til åndelig lys, men det vil også referere til Gud som eksisterer som Lyset i begynnelsen.

Ingen fødte Gud. Han er den perfekte skapningen som bare ble til av Seg Selv. Vi burde derfor ikke prøve å forstå Ham med vår grensende makt og kunnskap. Johannes 1:1 inneholder hemmeligheten angående 'begynnelsen'. Det står, *"I begynnelsen var det Ordet."* Dette er forklaringen angående Guds skikkelse som har Ordet i det mest hemmelige og vakreste lyset og som styrer over alle delene i universet.

Her refererer 'begynnelsen' til et punkt før evigheten, et punkt som mennesker ikke kan forestille seg. Dette er til og med før 'begynnelsen' på 1. Mosebok 1:1, som er begynnelsen av skapelsen. Så hva slags ting skjedde før begynnelsen av verdens skapelse?

1. Den Mystiske Oppdelingen av Verdens rommene

Det åndelige riket ligger ikke veldig langt vekk. Det finnes porter som binder sammen det åndelige riket på forskjellige steder i den synlige himmelen.

Etter lang tid, ville Gud gjerne ha noen som Han kunne dele Hans kjærlighet og alle andre ting med. Gud har både guddommelighet og menneskelighet og av denne grunnen ville Han gjerne dele alt det Han hadde med noen istedenfor og bare nyte det for seg selv. Med dette i sinnet, kom Han opp med en plan om den menneskelige kultivasjonen. Det var en plan om å skape mennesker, velsigne dem slik at de kunne øke i antall og multiplisere seg, nå mangfoldige sjeler som ligner Gud, og samle dem inn i himmelens kongerike. Det er akkurat som når bønder dyrker avlinger, samler dem og så legger innhøstingen i oppbevaringshuser.

Gud viste at vi måtte ha et åndelig oppholdssted hvor Han kunne leve og et fysisk sted hvor den menneskelige kultivasjonen kunne skje. Han separerte det enorme universet opp i et åndelig rike og et fysisk rike. Fra dette tidspunktet ble Gud den Treenige, Gud Faderen, Sønnen, og den Hellige Ånd. Dette var så Frelseren Jesus og Tjeneren den Hellige Ånd kunne hjelpe til med den menneskelige kultivasjonen i fremtiden.

Johannes' åpenbaring 22:13 sier, *"Jeg er Alfa og Omega, den første og den siste, begynnelsen og enden."* Dette er en beskrivelse om Gud Treenigheten. 'Alfa og Omega' refererer til Gud Faderen, Han som er begynnelsen og slutten på all kunnskapen og den menneskelige sivilisasjonen. 'Begynnelsen og enden' refererer til Guds Sønn, Jesus, Han som er den første og den siste av menneskenes frelse. 'Begynnelsen og enden' refererer til den Hellige Ånd som er begynnelsen og enden på den menneskelige kultivasjonen.

Sønnen Jesus utfører forpliktelsen som Frelseren. Den Hellige Ånd vitner til Frelseren som Tjeneren og Han fullfører menneskenes frelse. Bibelen prater om den Hellige Ånd på mange forskjellige måter og sammenligner Ham med en due eller ild, og Han blir også referert til som 'Ånden til Guds Sønn'. Galaterne 4:6 sier, *"Fordi dere er barn, har Gud sendt sin Sønns Ånd inn i våre hjerter, og Ånden roper: 'Abba, Far!'"* Johannes 15:26 sier også, *"Når talsmannen kommer, han som jeg skal sende dere fra Far, sannhetens Ånd som går ut fra Far, da skal han vitne om Meg."*

Gud Faderen, Sønnen og den Hellige Ånd begynte med spesielle former for å fullføre skjebnen til menneskenes kultivasjon, og de diskuterte alle planene sammen. Det har blitt beskrevet i utskrivelsene om skapelsen i 1. Mosebok 1. kapittel.

Når 1. Mosebok 1:26 sier, *"Da sa Gud, 'La oss skape menneske i Vårt speilbilde, som et avbilde av Oss,'"* dette betyr ikke at mennesker bare er skapt i likhet med Gud Faderen, Sønnen, og den Hellige Ånd på det ytre utseende. Det betyr at ånden, som er menneskenes grunnlag, kommer fra Gud og at denne ånden har mye likhet med den hellige Gud.

Fysisk Rike og Åndelig Rike

Når Gud bare eksisterte alene, behøvde Han ikke å skille mellom det fysiske riket og et åndelig rike. Men for den menneskelige kultivasjonen måtte vi ha et fysisk rike hvor menneskene kunne leve. Og på grunn av dette skilte Han mellom det fysiske riket og det åndelige riket.

Men å separere det fysiske rike og det åndelige riket betyr ikke at de ble delt opp i to vidt forskjellige plasser akkurat som når vi skjærer noe i to. Anta at det for eksempel finnes to forskjellige slags gas i et rom. Vi tilfører et spesielt kjemikalie slik at en av gassene blir rød, slik at vi kan skille den fra den andre gassen. Selv om det finnes to gasser i rommet, vil vi bare kunne se den gassen som er rød. Selv om den andre gassen ikke er synlig, finnes den fremdeles der.

Det er på samme måte når Gud separerer det uendelige verdensrommet inn i et synlig fysiske rike og et usynlig åndelige rike. Og selvfølgelig eksisterer ikke det fysiske riket og det åndelige riket på samme måte som gassene i eksempelet. De virker forskjellige, men de overlapper hverandre. Og idet det virker som om de overlapper hverandre, er de også separate.

Som bevis på at et fysisk rike og et åndelig rike eksisterer på en separat og en hemmelig måte, har Gud satt inngangsporter til det åndelige rike på forskjellige steder i universet. Det åndelige rike befinner seg ikke langt borte. Det finnes porter til det åndelige rike på mange steder oppe i den synlige himmelen. Hvis Gud skulle åpne våre åndelige øyne, ville vi i visse tilfeller kunne se det åndelige rike gjennom disse portene.

Når Steven var full av den Hellige Ånd og så Jesus stå på Guds høyre side, var dette fordi begge hans åndelige øyne og en port til det åndelige rike ble åpnet (Apostlenes gjerninger 7:55-56).

Elias ble tatt opp til Himmelen levende. Den oppståtte Herren Jesus for opp til Himmelen. Moses og Elias viste seg på Forklarings Fjellet. Vi kan forstå hvordan disse begivenhetene er virkelige begivenheter hvis vi anerkjenner det faktum at det er porter til det åndelige riket.

Universet er utrolig stort og har kanskje også et uendelig volum. Området som er synlig fra Jorden (det synlige universet) er en kule med en radius på omkring 46 billioner lysår.[1] Hvis det åndelige rike eksisterer etter slutten av det fysiske universet, selv med det forteste luftfartøy, ville det i realiteten ta uendelig mye tid å komme til det åndelige rike. Kan du også forestille deg hvor langt englene må reise for å dra mellom det åndelige riket og den fysiske verden? Men med disse portene til det åndelige rike som kan åpnes og lukkes, kan en reise mellom det åndelige rike og

---

[1]Lineweaver, Charles: Tamara M. Davis (2005). "Misforståelse angående Big-Bang-teorien." De vitenskapelige amerikanere. Gjenopprettet 2007-03-05.

den fysiske verden like lett som når en går gjennom en dør.

Gud Skapte Fire Himler

Etter at Gud separerte universet opp i det åndelige rike og det fysiske rike, delta Han dem opp i flere himler etter ens behov. Bibelen prater om at det ikke bare finnes en himmel, men mange himler. Det forteller oss at det finnes flere andre himler enn den vi ser med våre fysiske øyne.

5. Mosebok 10:14 sier, *"Se, himmelen, den høye himmel, og jorden og alt som er på den, tilhører Herren din Gud"* og Salmenes bok 68:33 sier, *"Han som farer over himmelen, den eldgamle himmel. Hør, Han løfter røsten, en veldig røst!"* Og Kong Salomos sier i 1. Kongeboken 8:27, *"Men bor Gud virkelig på jorden? Se, himmelen, den høye himmel, rommer deg ikke, langt mindre dette huset som jeg har bygd!"*

Gud brukte ordet 'himmel' når Han pratet om det åndelige riket, slik at vi kan lettere forstå plassenen som tilhører det åndelige riket. 'Himlene' ble generelt sagt delt opp i fire himler. Hele den fysiske delen medberegnet Jorden vår, vårt Solsystem, vårt Galakse, og hele universet blir referert til som den første himmelen.

Fra den andre himmelen og videre finner du åndelige steder. Edens Have og plassen for de onde åndene ligger i den andre himmelen. Etter at Gud skapte menneskene, skapte Han også Edens Have, som er lysets område i den andre himmelen. Gud brakte mannen inn i Haven og lot ham underkue og styre alt (1.

Mosebok 2:15).

Gud trone ligger i den tredje himmelen. Dette er himmelens kongerike hvor Guds barn som mottok frelse gjennom den menneskelige kultiveringen, vil oppholde seg.

Den fjerde himmelen er den originale himmelen hvor Gud før hadde oppholdt seg som Lyset alene, før Han delte opp rikene. Dette er et mystisk rom hvor alt er fullført akkurat som Gud oppbevarer alt det som en har i tankene. Dette er også et område som ligger utenom noen som helst grense og sted.

2. Fysisk Plass og Åndelig Plass

Hva er grunnen til at så mange bibelske lærere har prøvd å finne Edens Have, men ikke har lykkes? Det er på grunn av at Edens Have ligger i den andre himmelen, som er det åndelige rike.

Stedet som Gud separerte kan bli delt opp i et fysisk rom og et åndelig rom. For Hans barn kom fra den menneskelige kultivasjonen, Gud laget himmelens kongerike i den tredje himmelen, og Han satte Jorden i den første himmelen for den menneskelige kultiveringen.

1. Mosebok 1. kapittel prater lit tom Guds seks dagers skapelse. Gud skapte ikke en fullstendig og perfekt Jord helt fra begynnelsen av. Han la først grunnlaget for bakken og så himmelen gjennom krystallbevegelsene og mange meteorologiske fenomener. Gud brukte mye anstrengelse i lang tid, til og med ved å komme personlig ned til Jorden for å se hvordan ting gikk, for Jorden var bakken hvor Han kunne få Hans kjære og sanne barn.

Foster vokste opp i sikkerhet i fostervannet i livmoren. På samme måte var hele Jorden dekket med massevis av vann etter at Jorden ble skapt, og dette var livets vann som opprinnelig kom ifra den tredje himmelen. Jorden ble til slutt en klar bakke hvor alle ting kunne leve fordi den hadde vært dekket av livets vann.

Så begynte Gud skapelsen.

Den Fysiske Plassen, Bakken for den Menneskelige Kultivasjonen

Når Gud sa, "La det bli lys" på den første dagen av skapelsen, var det åndelige lys som kom ut ifra Guds trone og dekket Jorden. Med dette lyset ble Guds evige makt og guddommelige egenskap lagt i alle ting og alle ting ble kontrollert av naturens lover (Romerne 1:20).

Gud separerte lyset fra mørket og kalte lyset 'dag', og mørket kalte Han 'natt'. Gud satte loven om at det skulle bli dag og natt og tidsstrøm til og med før Han skapte solen og månen.

Den andre dagen, skapte Gud de utstrakte viddene og lot det separere vannet som dekket Jorden inn i vannet nedenfor viddene og vannet som lå ovenfor viddene. Gud kalte disse utstrakte viddene, himmelen, som er himmelen som vi selv kan se. Nå var den fundamentale omgivelsen, som kunne støtte alle de levende tingene, laget. Luften ble lavet slik at de levende tingene kunne puste; skyene og himmelen ble laget slik at meteorologisk fenomen kunne finne sted.

Vannet under de utstrakte viddene er vannet som har blitt igjen på Jordens overflate. Det er vannkilden som lager havene, sjøene, tjernene og elvene (1. Mosebok 1:9-10).

Vannet over de utstrakte viddene ble reservert for Eden i den andre himmelen. Gud fikk den tredje dagen vannet under de utstrakte viddene til å samle seg på et sted for å kunne separere sjøen fra fastlandet. Han skapte også gresset og grønnsakene.

Den fjerde dagen skapte Gud solen, månen, og stjernene, og lot dem styre dagen og natten. Den femte dagen skapte Han fisken og fuglene. Til slutt, den sjette dagen, skapte Gud alle mennesker og dyr.

Usynlig Åndelig Plass

Edens Have ligger i det åndelige rike i den andre himmelen, men det er forskjellig fra det åndelige rike i den tredje himmelen. Det er ikke fullstendig et åndelig rike siden det ikke kan eksistere sammen med den fysiske dimensjonen. Det er simpelthen et mellomliggende stadie mellom kjøtt og ånd. Etter at Gud skapte menneske som en levende ånd, plantet Han Haven imot øst, i Eden, og Han brakte mennesket inn i Haven (1. Mosebok 2:8).

Her refererer ikke 'øst' til den fysiske øst. Det har en spesiell mening med 'et område som er omringet av lys'. Opp til i dag trodde mange bibelske lærere at Edens Have lå i nærheten av Euphrates og elvene Tigris, og selv om de har hatt omfattende undersøkelser og hatt mange arkeologiske undersøkelser har de ikke kunne finne noen spor etter Haven. Grunnen til dette er fordi Haven hvor Adam, den 'levende ånden', levde ligger i den andre himmelen, som er det åndelige riket.

Edens Have er et utrolig stort sted, mye større enn vi noen gang kan tenke oss. Barna som Adam fikk før han ble syndig, lever der fremdeles og føder flere og flere barn. Edens Have har ingen grenser når det kommer til rom, og vil derfor aldri bli overfylt samme hvor mye tid som går.

Men i 1. Mosebok 3:24, kan vi lese at Gud plasserte basunengler og sverd med ild som snudde seg i alle retninger på østsiden av Edens Have.

Dette er riktig på grunn av at østsiden av Haven ligger like ved siden av det mørke området. De onde åndene vil av flere grunner alltid prøve å komme seg inn til Haven. Først ville de gjerne friste Adam, og for det andre vil de gjerne spise frukten fra livets tre. De vil gjerne få evig liv ved å spise frukten og så kunne stå opp imot Gud i all evighet. Adam var forpliktet til å beskytte Edens Have fra mørkets makter. Men siden Adam ble narret av Satan til å spise ifra treet med kunnskap om godt og ondt, og ble sendt ut til denne verden, ble det til at basunenglene og de glødende sverdene tok over hans forpliktelse.

Vi kan trekke en konklusjon om at Edens Have ligger i lysets område og mørkets område er hvor de onde åndene oppholder seg. I lysets område i den andre himmelen finnes det også et sted hvor de troende vil holde den Sju år lange Bryllupsfesten sammen med Herren etter Hans Andre Ankomst. Dette stedet er mye vakrere enn Edens Have. Alle de som har blitt frelst siden skapelsen av verden vil delta, og en kan bare gjette hvor stort et område dette vil være.

Det finnes også den tredje og den fjerde himmelen i det åndelige riket, og flere detaljer om disse vil komme i det *Andre Bindet om Ånd, Sjel og Kropp.* Grunnen til at Gud delte opp det fysiske området og det åndelige området og så delte disse inn i mange flere forskjellige steder, er bare for oss mennesker. Det ble gjort i forsyn for menneskenes kultivasjon og for å få sanne barn. Fra hva og hvordan er mennesket nå skapt?

3. Mennesker med Ånd, Sjel og Kropp

Fortellingen om menneskene som har blitt skrevet ned i Bibelen begynte med når Adam ble drevet ut til denne verden på grunn av hans synd. Denne historien gjelder ikke tiden hvor Adam levde i Edens Have.

1) Adam, en Levende Ånd

For å kunne forstå den første mannen, Adam, må en også kunne forstå begynnelsen av det fundamentale menneske. Gud skapte Adam som en levende ånd for menneskenes utvikling. 1. Mosebok 2:7 forklarer skapelsen av Adam: *"Og Herren Gud formet mannen av jord fra marken og blåste livpust inn i hans nese, så mannen ble til en levende skapning."*

Råmateriale som Gud brukte for å skape Adam var støv ifra bakken. Dette er fordi mennesker vil gå gjennom den menneskelige utviklingen her på jorden (1. Mosebok 3:23).

Det er også på grunn av at jord, som er støvet fra bakken, vil forandre ens egenskap ifølge ingrediensene som blir tilsatt.

Gud laget ikke bare menneskets form med støv fra bakken, men også hans indre organer, bein, vener, og nerver. En kjempeflink pottemaker kunne lage en veldig verdifull porselens del med litt leire. Siden Gud laget menneske i Hans eget speilbilde, hvor vakkert ville ikke menneske ha blitt!

Adam ble laget med en ren melkehvit hud. Han var kraftig

bygget og hans kropp var perfekt fra topp til tå, så vel som hans organer og hver eneste celle i hans kropp. Han var vakker. Når Gud blåste livs pusten inn i Adams nese, ble han et levende menneske, som er som en levende ånd. Fremgangsmåten er i likhet med en godt bygget lyspære som ikke kan skinne av seg selv. Den kan bare skinne med lys hvis den får elektrisitet. Adams hjerte begynte å slå, hans blod begynte å sirkulere, og alle hans organer og celler begynte å virke etter at han fikk livs pusten fra Gud. Hans hjerne begynte å virke, hans øyne å se, hans ører å høre, og hans kropp begynte å bevege seg akkurat som han ville etter at han hadde mottatt livets åndedrag.

Livets åndedrag er krystallet av Guds makt. Det kan også bli kaldt Guds energi. Det er i virkeligheten energikilden en trenger for å kunne fortsette å leve. Etter at Gud hadde gitt Adam livets åndedrag, fikk Adam en slags ånd som helt lignet hans kropp. Akkurat som Adam nå hadde fått en fysisk kropp, fikk også hans ånd en form som helt lignet hans kropp. Flere detaljer om åndens former vil bli forklart i det andre bindet av denne boken.

Adams kropp, han som nå var en levende ånd, inneholdt en udødelig kropp med kjøtt og bein. Kroppen holdt ånden som kommuniserte med Gud og en sjel som støttet ånden. Sjelen og kroppen adlød ånden, og på denne måten holdt han på Guds Ord og kommuniserte med Gud som er selve ånden.

Men når Adam først ble skapt, fikk han en fullt voksen kropp, men han hadde ingen kunnskaper i det hele tatt. Akkurat som et barn bare kan ha gode egenskaper og ha en produktivt del i samfunnet kun gjennom utdannelse, måtte også han ha en riktig kunnskap. Så etter at Han ledet ham inn i Edens Have, lærte Gud Adam gjennom sannhetens kunnskap og åndens kunnskap. Gud lærte ham om alle tingenes harmoni i verden, det åndelige rikets lover, sannhetens Ord, og Guds uendelige kunnskap. Det er på denne måten Adam kunne underkue verden og styre over alt.

Å Leve For en Uendelig Periode

Adam, den levende ånden, styrte over Eden's Have og Jorden og som herre over alle skapninger, fordi han hadde kunnskap og visdomm ifra ånden. Gud syntes ikke at det var godt for ham å være alene, og skapte så en kvinne, Eva, fra en av hans ribben. Gud laget henne som hans tjener og lot dem bli et. Spørsmålet er nå hvor lenge de levde i Edens Have?

Bibelen gir ikke en bestemt tid, men de levde der i en ubestemt tid. Men vi kan finne i 1. Mosebok 3:16 hvor det står, *"Til kvinnen sa Gud, 'Stor vil Jeg gjøre din møye så ofte du er med barn; med smerte skal du føde. Din lyst skal stå til din mann, og han skal råde over deg.'"*

På grunn av synden som Eva begikk, fikk hun en forbannelse og dette var at hennes smerter vedrørende fødsel ble voldsomt verre. Før hun ble forbannet hadde hun med andre ord født barn i Edens Have, men hun hadde hatt veldig lite smerter under fødslene. Adam og Eva var levende ånder som ikke ville ha blitt eldre. Så de levde i lang, lang tid og ble bare flere og flere.

Mange mennesker tror at Adam spiste ifra treet med kunnskapen om godt og ondt kort etter at han ble skapt. Det er til og med noen som spør det følgende spørsmålet: "Siden menneskenes historie i Bibelen bare er rundt 6.000 år gamle, hvordan har det seg så at vi finner fossiler som er hundre tusener av år gamle?"

Historien om menneskene som har blitt skrevet ned i Bibelen begynte når Adam ble drevet ut til denne verden etter at han hadde syndet. Dette inkluderer ikke tiden hvor Adam levde i Edens Have. Mens Adam levde i Edens Have, var det mange ting som skjedde her på Jorden, som for eksempel forflyttelse av jordskorpen og ledsagende geografiske forandringer og også vekst og ekstinksjon av forskjellige levende ting. Noen av dem ble fossilisert. Av denne grunnen kan vi finne fossiler som kan bli sett på som millioner av år gamle.

2) Adam Syndet

Når Gud førte Adam inn til Edens Have, var det en ting han ble nektet. Han ba Adam om ikke å spise ifra treet med kunnskapen om godt og ondt. Men etter at det hadde gått lang tid, spiste til slutt Adam og Eva ifra treet. De ble drevet ut ifra Edens Have og inn til Jorden, og fra dette tidspunktet begynte den menneskelige utviklingen.

Hvorfor syndet Adam? Det var en skapning som gjerne ville ha myndigheten som Adam hadde fått ifra Gud. Dette var Lucifer, alle onde åndenes overhode. Lucifer trodde at hun måtte få Adams myndighet for å kunne reise seg opp imot Gud og vinne kampen. Hun utførte en detaljert plan og brukte en slange som var veldig listig.

Akkurat som det ble sagt i 1. Mosebok 3:1, *"Slangen var mye listigere enn noe annet beist ute i marken som HERREN Gud hadde skapt,"* slangen var laget av leire som hadde listige egenskaper i seg.

Det var mye større sjanser for at den kunne akseptere onde listigheter enn andre dyr på grunn av dette. Dens egenskaper ble fremkallet av onde ånder og slangen ble deres instrument for å friste menneske.

Onde Ånder vil Alltid Friste Mennesker

Adam hadde på denne tiden stor myndighet siden han var herre over både Edens Have og Jorden, så det var ikke lett for slangen å friste Adam direkte. Det er derfor den valgte å friste Eva først. Slangen spurte henne listig, *"Det er riktig at Gud har sagt at, 'Du skal ikke spise ifra treet i haven'?"* (v. 1) Gud ba aldri Eva om å gjøre noe. Befalingen ble gitt til Adam. Men slangen spurte om Gud hadde gitt befalingen direkte til Eva. Evas svar ble skrevet ned slik, *"Kvinnen sa til slangen, 'Dere kan spise ifra trærne i haven, men dere må ikke spise ifra treet som ligger midt i haven. Gud har sagt, Dere skal ikke spise ifra det eller røre ved det, for da kan du dø'"* (1. Mosebok 3:2-3).

Gud sa, *"...for i dagene som følger etter at du spiser ifra treet vil du med sikkerhet dø"* (1. Mosebok 2:17). Men Eva sa, "eller dere kan dø." Du vil kanskje tro at det bare finnes en veldig liten forskjell her, men dette beviser at hun ikke holdt på Guds Ord på riktig måte. Dette er også et uttrykk om at hun ikke fullstendig trodde på Guds Ord. Når slangen så at Eva forandret på Guds Ord, begynte den å friste henne mer aggressivt.

1. Mosebok 3:4-5 sier, *"Slangen sa til kvinnen, 'Du vil sikkert ikke dø! For Gud vet at så fort du spiser fra treet vil dine øyne bli åpnet, og du vil bli som Gud og vil så få kunnskap til godt og ondt.'"*

Idet Satan provoserte slangen til å sette ønskene inn i Evas sinn, begynte treet med kunnskapen om godt og ondt å virke forskjellig for henne, for det ble skrevet, *"...treet var godt for mat, og det var veldig pent å se på, og at treet ville gjøre en klokere"* (v. 6).

Eva hadde aldri til hensikt å gå imot Guds Ord, men da hun ble fristet, spiste hun til slutt ifra treet. Hun ga det til hennes mann Adam, og han spiste det også.

Adam og Eva's Unnskyldninger

I 1. Mosebok 3:11 spurte Gud Adam, *"Har du spist ifra treet som Jeg ba deg ikke å spise ifra?"*

Gud kjente til alle situasjonene, men Han ville at Adam skulle vedkjenne hans feil og angre. Men Adam sa, *"Kvinnen som Du ga til meg ga meg et eple ifra treet, og jeg spiste det"* (v.

12). Med dette antyder Adam at hvis Gud ikke hadde gitt ham kvinnen, ville han heller ikke ha gjort noe slikt. I stedenfor å vedkjenne hans ugjerning, ville han bare rømme fra situasjonenes følger. Og selvfølgelig var det Eva som ga frukten til Adam. Men siden Adam var overhode over kvinnen skulle han ha tatt ansvar for det som hadde skjedd.

Nå spurte Gud kvinnen i 1. Mosebok 3:13, *"Hva er det du har gjort?"* Selv om Adam skulle ha tatt ansvaret, kunne ikke Eva bli fritatt synden hun hadde begått. Men hun ga også slangen skylden og sa, *"Slangen narret meg, og spiste jeg det."* Hva skjedde så med Adam og Eva når de begikk disse syndene?

Adams Ånd Døde

1. Mosebok 2:17 sier, *"...men fra treet med kunnskapen om det gode og det onde skal du ikke spise, for den dagen du spiser dette, vil du med sikkerhet dø."*

'Å Dø' som Gud her nevner betyr ikke en fysisk død, men en åndelig død. Når ens ånd dør betyr det ikke at ånden på en eller annen måte forsvinner fullstendig. Det betyr at sammarbeide med Gud blir avsluttet og at en ikke lenger kan kommunisere med Gud. Ånden vil fremdeles eksistere, men den kan ikke lenger få åndelige ting ifra Gud. Denne situasjonen var ikke annerledes enn å være død.

Siden Adam og Evas ånd hadde dødd, kunne ikke Gud forlate dem i Edens Have, som var et åndelig rike. 1. Mosebok 3:22-23 sier, *"Da sa Gud HERREN, 'Nå er mennesket blitt som en av oss og kjenner godt og ondt. Bare det nå ikke strekker hånden ut og tar av livstreet også og spiser og lever evig!' Så viste Gud HERREN dem ut av Edens Have og satte dem til å dyrke jorden, som de var tatt av."*

Gud sa, "manne har blitt akkurat som Oss" og dette betyr ikke at Adam egentlig ble som Gud. Det betyr at Adam hadde før bare hatt kunnskap til sannheten, men akkurat som Gud som kjenner både til sannheten og usannheten, begynte også Adam nå å kjenne til usannheten. På grunn av dette ble Adam nå kjødelig, hvor han før hadde vært åndelig. Han måtte møte døden. Han måtte komme tilbake til jorden hvor han hadde blitt skapt av Gud. Et kjødelig menneske kan ikke leve på et åndelig sted. Og hvis Adam spiste av livets tre, da ville han også leve i all evighet. Gud kunne derfor ikke lenger la ham være i Edens Have.

3) Tilbakereisen til det Fysiske Stedet

Etter at Adam hadde vært ulydig mot Gud og hadde spist ifra treet med kunnskapen om godt og ondt, forandret alt seg. Han ble drevet ut til Jorden, et fysisk sted, og han kunne bare få innhøstning etter mye hardt arbeide. Alt var også under forbannelse, og det gode miljøet som hadde eksistert ved Guds skapelse eksisterte ikke lenger.

1. Mosebok 3:17 sier, *"Og til Adam sa Han, 'Fordi du hørte på din hustru og åt av treet som Jeg forbød deg å ete av, skal*

jorden for din skyld være forbannet. Med møye skal du nære deg av den alle dine levedager.'"

Fra dette verset kan vi se at på grunn av Adam synd ble ikke bare Adam selv forbannet, men også hele den første himmelen fikk forbannelsen. Alle tingene her på jorden var i vakker harmoni, men så ble den fysiske loven forandret på. På grunn av forbannelsen, oppstod det bakterier og viruser, og dyr og planter begynte også å forandre seg.

I 1. Mosebok 3:18 fortsatte Gud å si til Adam, *"Torn og tistel skal den bære."* Avlingene kan ikke vokse godt på grunn av torner og tistel, så Adam kunne nå bare spise av avlinger fra jorden etter mye hardt arbeide. Siden bakken var forbannet, spiret det opp mange unødvendige trær og planter. Skadelige insekter kom også til live. Han matte nå fjerne disse skadelige tingene for å kultivere jorden og for å gjøre det til en god jord.

Trangen Til å Kultivere Hjerte

Akkurat som Adam måtte kultivere jorden, fantes det en liknende situasjon for mennesket som nå måtte gå gjennom kultivasjonen her på denne jorden. Før menneske syndet, hadde han bare et rent og uklanderlig hjerte som bare hadde kunnskap om ånden. 1. Mosebok 3:23 sier, *"...Så viste HERREN Gud dem ut av Edens Have og satte dem til å dyrke jorden, som de var tatt av."* Dette verset blir sammenlignet med Adam som kom ifra støvet på bakken hvor han ble tatt ifra. Dette betydde at han nå måtte kultivere hans hjerte.

Før han syndet, måtte han ikke kultivere hans hjerte, for han hadde ingen ondskap i hans hjerte.

Men etter hans ulydighet, begynte fiende djevelen og Satan å ha kontroll over ham. De sådde mer og mer kjødelige ting i menneskets hjerte. De plantet hat, sinne, arroganse, utroskap, o.s.v. Alle disse tingene begynte å vokse opp med torner og tistler i hjertet. Menneskene ble mer og mer flekket med det kjødelige.

For å 'kultivere jorden som vi var kommet ifra' betyr at vi må akseptere Jesus Kristus; vi må bruke Guds Ord til å kaste vekk kjøttet som har blitt plantet i våre hjerter; og vi må gjenvinne den åndelige statusen. Hvis ikke vil det bety at vi har en 'død ånd' og verken kan eller vil nyte det evige livet med en død ånd. Grunnen til at mennesker blir kultiverte her på jorden er for å kultivere vårt kjødelige hjerte slik at det kan igje bli et rent, åndelig hjerte. Dette hjerte er det samme hjerte som Adam hadde før hans nedgang.

For at Adam skulle bli drevet ut fra Edens Have og leve her på denne jorden var en veldig dramatisk endring. Dette er en større smerte og forvirring enn hva en prins fra et stort land ville lide hvis han plutselig ble en bonde. Eva måtte også nå lide mange flere smerter under fødselen.

Når de bodde i Edens Have, fantes det ingen død. Men nå måtte de stå ansikt til ansikt med døden siden de nå levde i den fysiske verden som ville forsvinne og råtne. 1. Mosebok 3:19 sier, *"Med svette i ansiktet skal du ete brød, inntil du vender tilbake til jorden; for av den er du tatt. Av jord er du, og til jord skal du bli."* Akkurat som det ble skrevet, måtte de nå dø.

Adams ånd hadde kommet ifra Gud, og den kan selvfølgelig ikke bli helt borte. 1. Mosebok 2:7 sier, *"Og HERREN Gud formet mannen av jord fra marken og blåste livpust inn i hans nese, så mannen ble til en levende skapning."* Livets åndedrag har Guds evige egenskap.

Men Adams ånd var ikke lenger aktiv. Så sjelen tok over virksomheten som menneskets herre og tok også over styrelse av kroppen. Fra da av måtte Adam bli eldre og han måtte til slutt møte døden ifølge den fysiske verden. Han måtte vende tilbake til bakken.

På denne tiden, ble ikke synder og ondskap så vanlig som i dag selv om Jorden var forbannet, så Adam levde til han var 930 år gammel (1. Mosebok 5:5).

Men ettersom tiden gikk ble mennesker mer og mer onde. På grunn av dette ble også deres levetid kortere. Etter at de kom ned til denne jorden fra Edens Have, måtte Adam og Eva tilpasse seg selv det nye miljøet. Over alt annet, måtte de leve som kjødelige mennesker, og ikke som levende ånder. De ble trette etter at de hadde arbeidet, så de måtte hvile. De fikk sykdommer og ble syke. Deres fordøyelsessystem endret seg idet deres kosthold endret seg. De måtte gå på toalettet etter at de hadde spist. Alt forandret seg. Adams ulydighet var ikke i det hele tatt liten. Dette betydde at synder kom til alle mennesker. Adam og Eva og alle deres etterkommere her på jorden begynte deres fysiske liv med deres døde ånder.

3. Kapittel

Mennesker på det Fysiske Stedet

Kjøtt er egenskapen som er kombinert med synd,
og mennesker vil derfor begå synder på det fysiske stedet.
Men innerst inne i menneskene ligger
livets frø som de har fått ifra Gud,
og med dette livets frø kan menneskets kultivasjon komme til live.

1. Livets Frø
2. Hvordan Mennesket ble Skapt
3. Samvittighet
4. Kjøttets Påvirkning
5. Kultivering

Adam og Eva fødte mange barn her på denne jorden. Selv om åndene deres var døde, forlot ikke Gud dem. Han lærte dem om ting som var nødvendig for deres verdslige liv. Adam lærte hans barn om sannheten, så både Kain og Abel visste godt hvordan de burde offre seg overfor Gud.

Med tiden brakte Kain et frukt offer fra bakken til Gud, men Abel ga Gud et offer av blod som Gud ba om. Når Gud bare aksepterte Abels offringer, ble Kain så sjalu på Abel at han drepte ham istedenfor å innse hans egen feil og angre.

Ettersom tiden gikk, ble synd bare mer og mer vanlig, så på Noahs tid fyllte Gud derfor hele verden med vann fordi verden hadde fått altfor mye brutaliteter. Men Gud hadde tillatt Noah og hans tre sønner til å få en helt ny rase. Hva har så skjedd med den menneskerasen som kom for å leve her på denne jorden?

1. Livets Frø

Etter at Adam hadde syndet, ble hans kommunikajson med Gud avsluttet. Hans åndelige energi rant ut og han ble så fylt med kjødelig energi som dekket over livets frø inne i ham.

Gud skapte Adam fra støvet på bakken. I hebreersk betyr 'Adamah' jordens bakke. Gud skapte menneske formen med leire og pustet livets åndedrag inn i hans nese. I boken Esaias står det også at mennesket ble 'laget av leire'.

I Esaias 64:8 står det skrevet, *"HERRE, vær ikke så harm, kom ikke evig i hu vår skyld! Vend blikket hit, vi er jo alle ditt folk!"*

Ikke lenge etter at jeg hadde startet kirken, viste Gud meg et syn av Hamselv hvor Han formet Adam med leire. Materialet som Gud brukte var jord blandet med vann, som er leire. Her refererer vi til Guds Ord (Johannes 4:14). Idet jorden og vannet ble blandet og det mottok livets åndedrag, begynte blodet, som er livet, å sirkulere, og dette ble så en levende skapning (Tredje Mosebok 17:14).

Livets åndedrag har Guds makt inne i seg. Siden det kommer ifra Gud, kan det aldri bli utdø. Bibelen sier ikke simpelthen at Adam ble en mann. Det står at han ble en levende skapning. Dette betyr at han var en levende ånd. Han kunne ha levd i all evighet med livets åndedrag, selv om han hadde blitt laget av støv ifra bakken. Fra dette kan vi lett forstå meningen om verset i Johannes 10:34-35 som sier, *"Jesus svarte dem, 'Har det ikke blitt skrevet i din Lov, "JEG SIER, DERE ER GUDER"? De som Guds ord kom til, blir altså i loven kaldt guder (og skriften kan ikke settes ut av kraft)...'"*

Akkurat som det ble skapt i begynnelsen kunne menneske leve i all evighet uten å noensinne se den fysiske døden. Selv om Adams ånd var død på grunn av hans ulydighet, ligger livets frø som de fikk av Gud i midten. Dette er evig og ved dette kan alle og enhver bli født på ny som Guds barn.

Livets Frø som ble Gitt til Alle

Når Gud skapte Adam, plantet Han udødelige frøet med livet i ham. Livets frø er det originale frøet som Gud plantet i Adams ånd, og som er hoveddelen av hans ånd. Dette er åndens opprinnelse, maktens kilde som betrakter Gud og som holder på menneskenes forpliktelse.

I graviditetens sjette måned vil Gud gi livets frø med ens ånd til fosteret. I dette frøet fra livet finner en hjerte og makten til Gud slik at menneskene kan kommunikere med Gud. De fleste mennesker som ikke anerkjenner Gud tilstedeværelse vil fremdeles ha enten frykt eller engstelse angående livet etter døden eller de klarer ikke å virkelig nekte Gud dypt inne i hjertene deres, fordi de sitter med livets frø dypt inne i hjertet deres.

Pyramidene og andre relikvie inneholder menneskers forklaring på det evige livet og deres håp om det evige hvile stedet. Selv de modigeste menneskene vil fremdeles frykte døden på grunn av livets frø inne i dem gjenkjenner det fremtidige livet.

Alle har livets frø ifra Gud, og han vil naturligvis søke etter Gud (Forkynneren 3:11). Livets frø oppfører seg som mannens hjerte, og det er derfor direkte forbundet med det åndelige livet. Blodet sirkulerer for å gi kroppen oksygen og næringsstoffer takket være hjertets virksomhet. Det er på samme måte hvis livets frø blir aktivisert i et menneske, da vil hans ånd også bli stimulert og han kan så kommunikere med Gud. Livets frø er ikke aktivt og en kan ikke kommunikere direkte med Gud hvis ens ånd på den annen side er død.

Livets Frø er Åndens Kjerne

Adam var fylt med kunnskap om sannheten som han hadde lært av Gud. Livets frø inne ham var fullstendig levende. Han ble fylt med åndelig energi. Han ble så klok at han kunne navne alle de levende tingene og leve som herren over alle skapninger, og herske over dem. Men etter at han hadde syndet, ble hans kommunikasjon med Gud avsluttet. Hans åndelige energi begynte også å renne ut av ham. Hans åndelige energi ble erstattet med kjødelig energi i hans hjerte og den kjødelige energien dekket også livets frø. Fra tid til annen, mistet livets frø gradvis dens lys og den ble til slutt fullstendig inaktiv.

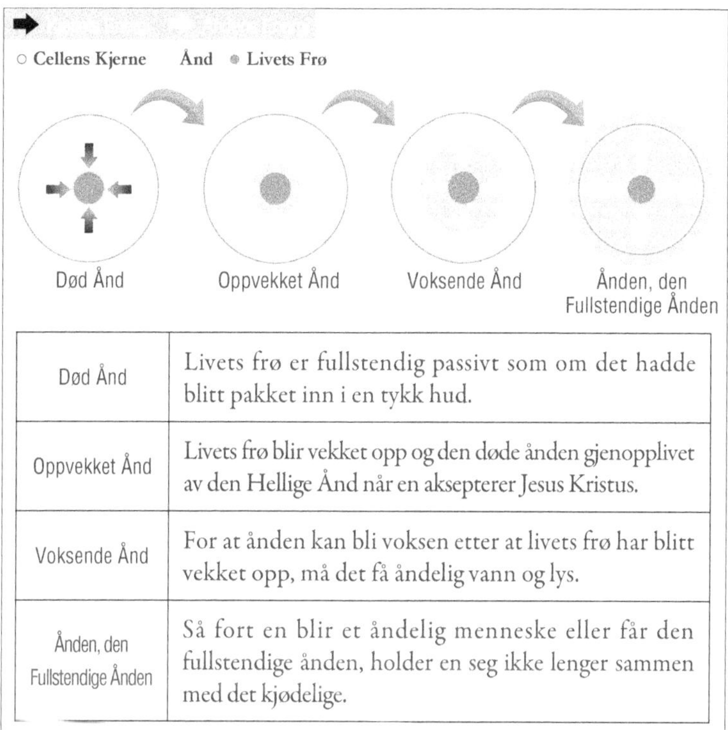

Død Ånd	Livets frø er fullstendig passivt som om det hadde blitt pakket inn i en tykk hud.
Oppvekket Ånd	Livets frø blir vekket opp og den døde ånden gjenopplivet av den Hellige Ånd når en aksepterer Jesus Kristus.
Voksende Ånd	For at ånden kan bli voksen etter at livets frø har blitt vekket opp, må det få åndelig vann og lys.
Ånden, den Fullstendige Ånden	Så fort en blir et åndelig menneske eller får den fullstendige ånden, holder en seg ikke lenger sammen med det kjødelige.

Akkurat som menneskets liv ender når hans hjerte ikke lenger slår, døde også Adams ånd når livets frø ble inaktivt. Hans døende ånd betyr at hans livsfrø fullstendig stoppet å fungere, så frøet var akkurat som dødt. Alle i den fysiske verden er derfor født med et livsfrø som er fullstendig inaktivt.

Mennesker har ikke kunnet unngå døden siden Adams nedgang. For at de kunne få et evig liv igjen måtte de løse syndens problem ved hjelp av Gud som er selve Lyset. De må nemlig akseptere Jesus Kristus og motta syndens tilgivelser. For å kunne vekke opp vår ånd, døde Jesus på korset ved å ta syndene til alle mennesker. Han ble veien, sannheten, og livet, som alle mennesker kan få det evige livet gjennom. Når vi aksepterer denne Jesus som vår personlige Frelser, da kan vi bli tilgitt våre synder og bli Guds barn ved å motta den Hellige Ånd.

Den Hellige Ånd setter i gang livets frø inne i oss. Dette er den oppvekkende ånden i oss. Fra dette tidspunktet begynner livets frø som før hadde tapt dens lys, å skinne på ny. Men den kan selvfølgelig ikke skinne like fullt som den gjorde det i Adam, men lysets intensitet blir sterkere idet ens måling av troen og hans ånd vokser og modner.

Jo mer livets frå blir fylt med den Hellige Ånd, jo sterkere lys vil lyset bli, og jo sterkere vil lyset bli fra den åndelige kroppen. Til den grad at en fyller seg selv med sannhetenes kunnskap, kan han gjenvinne Guds tapte speilbilde og bli Guds sanne barn.

Det Fysiske Livsfrø

I tillegg til det åndelige livsfrøet, som er i likhet med åndens kjerne, finnes det også et fysisk livsfrø. Dette refererer til sædcellen og egget. Gud laget planen for menneskenes kultivasjon for å få sanne barn som Han kunne dele Hans sanne kjærlighet med. Og for å fremføre denne planan, ga Han menneskene livets frø slik at de kunne formere seg og fylle jorden. Det åndelige riket hvor Gud oppholder seg er uendelig, og det ville blitt veldig ensomt og øde uten noen som helst rundt seg. Det er derfor Gud skapte

Adam som en levende ånd og lot ham formere seg fra generasjon til generasjon slik at Gud kunne få mange barn.

Barn som Gud gjerne vil ha er personer som har oppvekket deres døde ånd, de som kan kommunikere med Gud, og de som vil kunne dele deres kjærlighet med Ham i all evighet i det himmelske kongerike. For å kunne få slike sanne barn, gir Gud alle livets frø og Han har ledet den menneskelige kultivasjonen siden Adams tid. David innså denne kjærligheten og planen til Gud og sa, *"Jeg vil takke Deg, for jeg er skapt på en skremmende og et underfult vis. Underfulle er dine verk, det vet jeg så vel"* (Salmene 139:14).

2. Hvordan Mennesket ble Skapt

Et menneske kan ikke bli klonet fra et annet menneske. Selv om de kanskje kan kopiere menneskets ytre, er dette ikke et menneske fordi de ikke vil ha noen ånd. Det klonede vesen ville ikke være noe annerledes enn et dyr.

Et nytt liv blir skapt når sædcellen fra en mann og et egg fra kvinnen samler seg. For å fullstendig kunne lage et menneske, må fosteret ligge i livmoren i ni måneder. Vi kan se den mystiske makten fra Gud når vi ser utviklingen fra den befruktelse og til graviditetens termin.

Den første måneden vil nervesystemet begynne å utvikle seg. Hovedarbeidet blir gjort slik at blodet, beina, musklene, venene, og de indre organene kan bli laget. Den andre måneden begynner hjertet å slå og den vil få et røfft utseende som vil ligne et menneske. På denne tiden kan en gjenkjenne bein og hode. Den tredje måneden vil ansiketet bli laget. Den kan bevege dens hode, kropp, og bein av seg selv, og seksorganene vil også begynne deres formering.

Fra den fjerde måneden vil placentaen bli fullført, slik at tilførselen av næringsstoffer vil øke, og lengden og vekten på disse fostrene vil nå øke hurtig. Alle organene som holder kroppen oppe og livet vil nå virke normalt. Muskler vil utvikle seg fra den femte måneden og muligheten til å høre vil også utvikle seg og den kan høre lyder. På den sjette måneden vil fordøyelsesorganene utvikle seg slik at veksten vil begynne å skje mye hurtigere. Den sjuende måneden vil fosteret begynne å få hår på hodet, og med lungenes utvikling vil den begynne å puste.

Kjønnsorgenene og muligheten til å høre vil bli fullført i den åttende måneden. Fosteret kan til og med reagere på lyder utenfra. På den niende måneden begynner håret å bli tykkere, det fine håret på kroppen begynner å forsvinne, og beina blir mer lubne. Etter den niende måneden blir babyen som da har en gjennomsnittslengde på 50cm og kroppsvekt på 3,2 kg, født.

Fosteret er et Liv som Tilhører Gud

Med dagens vitenskapelige utvikling viser mennesker stor interesse i å klone levende ting. Men som det ble pratet om tidligere kan ikke mennesker bli klonet, samme hvor avansert utviklingen har kommet. Selv om de kan klone noen med det samme ytre utseende som ligner et menneske, vil den ikke ha noen ånd. Uten ånd er den ikke noe annerledes enn et dyr.

I fremgangsmåten om menneskets utvikling, vil mennesket, i motsetning til andre dyr på et visst tidspunkt få en ånd. I graviditetens sjette måned har fosteret forskjellige organer som et fjes, og bein. Dette blir til et kar som er holdbart for å holde på hans ånd. På dette tidspunktet gir Gud livets frø til menneske og hans ånd. Bibelen har et vitnesbyrd hvor vi kan slå en konklusjon om dette. Dette er en skrivelse om en seks måneder gammelt fosters reaksjon i livmoren.

Lukas 1:41-44 sier, "*Da Elisabet hørte Marias hilsen, sparket barnet i maven hennes. Hun ble fylt av den Hellige Ånd og sa med høy røst: 'Velsignet er du blant kvinner, og velsignet er frukten i ditt morsliv. Men hvordan kan det skje at min Herres mor kommer til meg? For da din hilsen nådde øret mitt, sparket barnet i maven min av fryd.'*"

Dette skjedde når Jesus akkurat hadde blitt befruktet i livmoren til Jomfru Maria og hun hadde gått for å besøke Elizabeth som hadde blitt befruktet med Døperen Johannes seks måneder tidligere. I livmoren til hans mor, hoppet Johannes av glede når Jomfru Maria kom. Han gjenkjente Jesus i livmoren til Maria og ble fylt med Ånden. Et foster er ikke bare et liv, men det er også en åndelig skapning som kan bli fylt med Ånden fra graviditetens sjette måned. Et menneske er et liv som tilhører Gud fra befruktelsen av. Det er bare Gud som har suverenitet over livet. Vi må derfor ikke abortere et barn bare som vi selv vil, selv om fosteret ikke ennå har en ånd.

De ni månedene som fosteret vokser i livmoren er veldig viktige. Det blir gitt alt en trenger for å vokse ifra moren, så moren må spise en allsidig kost. Morens følelser og tanker har også innflytelse på informasjonen som går mot fosterets egenskaper, personlighet, og intelligens. Det samme gjelder ånden. Barna til disse mødrene som tjener Guds kongerike og som ber iherdig er generelt sagt født med vennlig lynne, og vil vokse opp med kunnskap og god helse.

Livets suverenitet tilhører kun Gud, men Han vil ikke forstyrre forløpet av befruktelsen, fødselen, og menneskets utvikling. Den medfødte egenskapen blir avgjort gjennom livets energi som ligger i sædcellen og egget fra foreldrene. Andre karakteristiske trekk er også nødvendig og de blir utviklet i følge miljøet og andre innflytelser.

Guds Spesielle Inngripen

Det finnes tilfeller hvor Gud griper inn i ens befruktelse og fødsel. Dette skjer først når forsledrene tilfredstiller Gud gjennom troen og ber iherdig. Hanna, en kvinne som levde under Dommedagene, levde med smerter og lidelser fordi hun ikke kunne få et barn, og hun kom til Gud og ba iherdig. Hun la et løfte om å gi hennes sønn til Gud, hvis Gud ga henne en sønn.

Gud hørte bønnen hennes og velsignet henne slik at hun kunne få en sønn. Akkurat som hun hadde lovet brakte hun sønnen sin Samuel til presten for å gi ham som Guds tjener, så fort hun hadde avvent babyen. Samuel kommunikerte med Gud fra han var barn og ble senere en stor profet i Israel. Akkurat som Hanna holdt på hennes løfte velsignet også Gud henne med tre sønner til og to døtre (1. Samuel 2:21).

Gud vil også gripe inn i livene til de som blir satt til side av Gud for Hans forsyn. For at vi kan forstå dette må vi forstå forskjellen mellom 'å bli valgt' og 'bli satt til side'. Det er gjennom

Guds valg når Gud etablerer et visst rammeverk og vilkårlig velger alle som kommer innenfor disse rammenes grenser. Gud etablerte for eksempel rammen av frelse og redder alle som kommer innenfor disse rammenes grenser. De som blir frelst når de aksepter Jesus Kristus, de og som lever ifølge Guds Ord, kan derfor sies å være 'valgt'.

Noen mennesker misforstår at Gud allerede har valgt de som skal bli frelset og de som ikke skal bli frelset. De sier at hvis du bare aksepterer Herren en eneste gang, da vil Gud gjøre det slik at du på en eller annen måte kan bli frelst, selv om du ikke lever ifølge Guds Ord. Men denne tanken er feil.

Alle med hans frie vilje, får troen og vil motta frelse innenfor frelsens rammer. Det vil si at Gud har 'valgt' dem alle. Men de som ikke holder seg innenfor frelsens rammer, eller de som en gang kom innenfor dens rammer, men så forlot dem ved å bli venner med verden og som villig syndet, kan ikke bli frelst hvis de ikke omvender seg fra deres måter å være på.

Hva betyr det så å bli 'satt til side'? Dette er når Gud, Han som kjenner til alt og som planlegger alt siden før tidens begynnelse, velger en viss person og vil styre alle retningene i hans liv. Abraham; Jakob som for eksempel var alle isralittenes far; og Moses som var lederen for Eksodus, ble alle satt tilside av Gud for å fullføre en spesiell forpliktelse som de hadde fått ifra Gud gjennom Hans forsyn.

Gud vet alt. I forsynet om menneskenes kultivasjon kjenner

Han til hva slags person som skal bli født og på hvilket tidspunkt i menneskenes historie. For å fullføre Hans planer, velger Han visse personer og tillater dem å fullføre betydningsfulle forpliktelser. For de som blir satt til side på en slik måte, vil Gud gripe inn i hvert eneste øyeblikk i livet deres helt fra deres fødsel.

Romerne 1:1 sier, *"Paulus, Kristi Jesu tjener, hilser dere, jeg som er kaldt til apostel og utvalgt til å forkynne Guds evangelium."* Akkurat som det ble sagt, ble apostelen Paulus satt til side som en apostel til Hedningene for å spre evangeliet. Siden han hadde et modig og uforandrende hjerte, ble han satt til side for å gå gjennom utrolig store lidelser. Han fikk også forpliktelsen og ansvaret om å skrive ned de fleste bøkene i Det Nye Testamentet. For at han kunne fullføre en slik forpliktelse, lot Gud ham iherdig lære om Guds Ord helt fra barndommen av og under de beste lærerne som fantes på den tiden, Gamaliel.

Døperen Johannes ble også satt til side av Gud. Gud gjorde inngrep i hans befruktelse, og Gud lot ham også leve et annerledes liv helt ifra hans barndom. Han levde i villmarken helt alene, og hadde ingen kontakt med omverdenen. Han hadde et klesplagg laget av kamelhår og et lærbelte rundt hans håndledd; og hans mat bestod av markgresshopper og honning fra villmarken. På denne måten forberedet han veien for Jesus.

Dette var også tilfelle med Moses. Gud grep også inn i fødselen av Moses. Han ble kastet ut til elven, men ble funnet av en prinsesse og ble derfor en prins. Han ble også oppdratt av hans egen mor slik at hun kunne lære ham om Gud og hans eget folk. Som en egyptisk prins lærte han også om all kunnskapen her i verden. Akkurat som det ble forklart er det å bli satt til side når Gud med Hans suverenitet har kontrol over en viss persons liv, og kunnskapen om hva slags person som vil bli født på et visst tidspunkt i menneskenes historie.

3. Samvittighet

For at et menneske kan søke etter eller møte Gud Skaperen, få tilbake Guds speilbilde, og bli en verdifull skapning vil stort sett avhenge av hva slags samvittighet han har.

Sædcellene og eggene fra foreldrene inneholder deres livsenergi, som er arvet av barna. Det samme gjelder samvittigheten. Samvittigheten er hvordan en dømmer mellom godt og ondt. Hvis foreldrene har levet et godt liv med gode hjerter, er det mye mer sansynelig at barna deres vil bli født med god samvittighet. Den grunnleggende og avgjørende faktoren av ens samvittighet er den livsenergien som en arver fra hans foreldre.

Men selv om de er født med god livsenergi ifra deres foreldre, er det ganske sansynlig at de vil bli flekket med ondskap hvis de blir oppdratt i et ufordelaktig miljø og de ser og hører mange onde ting og at også mange onde ting vil bli plantet i dem. I motsetning vil de som bli oppdratt i et godt miljø, som ser og hører på gode ting, vil mye mer sansynelig ha en god samvittighet.

Dannelsen av Samvittigheten

Forskjellige samvittigheter blir dannet ifølge foreldrene til de som blir født, hva slags miljø han blir oppdratt i, hva han ser, hører, og lærer, og hvor hardt han arbeider for å gjøre gode gjerninger. Så de som kommer ifra gode foreldre og blir oppdratt i et godt miljø, og som kan styre seg selv vil vanligvis søke etter godhet ifølge deres samvittighet. For dem er det lett å akseptere evangeliet og å forandre seg ifølge sanheten.

Generelt sagt vil mennesker synes at samvittigheten kommer fra den gode delen av vårt hjerte, men i Guds øyne er ikke dette riktig. Noen mennesker har en god samvittighet og vil derfor ha en sterkere tendens om å følge godheten mens andre har ond samvittighet og vil heller følge deres egne ønsker enn å følge sannheten.

Noen føler et stikk i hjertet selv om de bare tar en liten ting ifra andre, mens det er andre som ikke synes at dette er et tyveri og vil derfor heller ikke se på det som ondt. Mennesker har forskjellige måter å dømme på når det kommer til godt og ondt ifølge hvilke miljøer de ble oppdratt i og hva de ble lært.

Mennesker dømmer mellom godt og ondt ifølge hver enkelt persons samvittighet. Men menneskers samvittighet er forskjellige. Det finnes mange forskjeller ifølge ulike kulturer og områder, og de kan aldri bli en fullstendig standard når en dømmer mellom godt og ondt. Den fullstendige standarden kan bare bli funnet i Guds Ord, det som er selve sannheten.

Forskjellen mellom Hjertet og Samvittigheten

Romerne 7:21-24 sier, *"Jeg finner altså at denne loven*

gjelder: Jeg vil gjøre det gode, men kan ikke annet enn å gjøre det onde. Mitt indre menneske sier med glede ja til Guds lov, men jeg merker en annen lov i lemmene. Den kjemper mot loven i mitt sinn og tar meg til fange under syndens lov, som er i lemmene. Jeg ulykkelige menneske! Hvem skal fri meg fra denne dødens kropp?"

Fra dette verset kan vi forstå hvordan et menneskes hjerte kan bli laget. Det 'indre menneske' i dette verset er sannhetens kjerne, som kan bli kaldt 'hvitt hjerte' som prøver å følge veiledningen til den Hellige Ånd. I dette indre menneske finnes livets frø. 'Den syndige loven', som er det 'sorte hjertet' inneholder også usannheten. 'Loven fra mitt sinn' er en annen lov. Dette er samvittigheten. Samvittigheten er et nivå hvor en finner verdi dømmelse, noe som en har dannet på egen hånd. Dette er en blanding av 'hvitt hjerte' og 'sort hjerte'. For å kunne forstå samvittigheten, må vi først forstå hjertet.

Det finnes mange definisjoner på ordet 'hjertet' i ordboken. Det er "den følelsesmessige eller morale som kan bli skilt fra den intellektuelle karakteren," eller "ens indre karakter, følelser, eller tendenser." Men den åndelige meningen med hjertet er annerledes.

Når Gud skapte den første mannen Adam, ga Han ham livets frø sammen men hans ånd. Adam var akkurat som et tomt kar, og Gud ga ham kunnskapen som for eksempel ånd, kjærlighet, godhet, og sannhet. Sidne Adam bare ble lært gjennom sannheten, bestod hans livsfrø av hans ånd sammen med kunnskapen inne i den. Siden han bare var fylt med sannheten, var det ingen grunn til å skille mellom ånden og hjertet. Siden det ikke fantes noen usannhet, var et slikt ord som samvittighet ikke nødvendig.

Men etter at Adam syndet, var hans ånd ikke lenger det samme som hans hjerte. Akkurat som hans kommunikasjon med Gud ble avsluttet, begynte sannheten og kunnskapen som fylte hans hjerte å lekke ut og ble istedenfor erstattet med usannhet som hat, misunnelse og arroganse i hans hjerte og dekket livets frø. Før Adam ble en løgner, fantes det ingen grunn til å bruke ordet 'hjertet'. Hans hjerte var selve ånden. Men etter at han ble falsk på grunn av hans synder, døde hans ånd, og siden da har vi begynt å bruke ordet 'hjertet'.

Menneskenes hjerte etter at Adam falt ned kom til et nivå hvor 'usannheten, istedenfor sannheten, dekket livets frø' som betyr at 'sjel, istedenfor ånd, dekket livets frø.' På en bedre måte kan en si at det sanne hjertet er det hvite hjertet og hjertet med usannheten er det sorte hjerte. For alle Adams etterkommere som ble født etter at han selv falt ned, vil deres hjerter inneholde et hjerte med usannhet, et hjerte med sannhet, og samvittigheten som de selv laget ved å blande sannheten med usannheten.

Naturen er Grunnlaget for Samvittigheten

Den opprinnelige egenskapen fra vårt hjerte kan bli referert til som 'natur'. Ens natur blir ikke fullført bare gjennom arving. Den vil også endre seg ifølge hva slags ting en aksepterer i ens

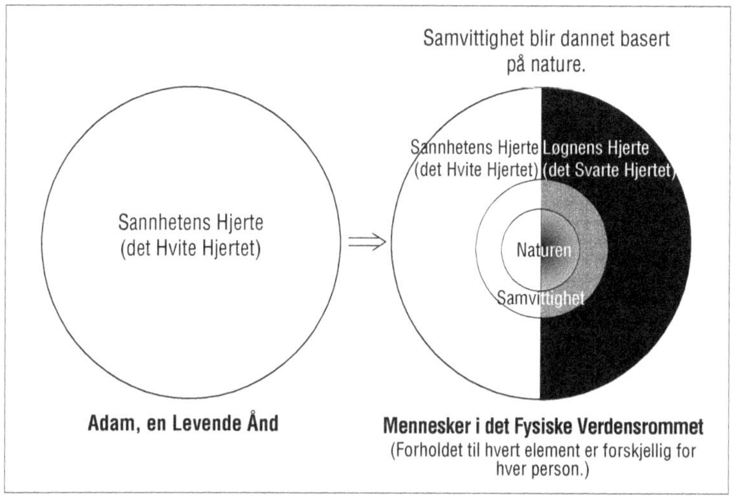

< Hjertets Komposisjon >

utvikling. Akkurat som jordens egenskaper vil endre seg ifølge hva vi blander i den, kan også ens egenskap endre seg ifølge hva en ser, hører, og føler.

Alle Adams etterkommere som blir født her på jorden vil arve en natur gjennom livets energi fra foreldrene som er en blanding sannhet og usannhet. På den ene siden vil det bli dårlig hvis de aksepterer onde ting i ufordelaktige miljøer, selv om de er født med gode egenskaper. På den annen side vil det bli relativt mindre ondskap plantet i dem hvis de blir lært gjennom gode forhold i et godt miljø. Hver persons natur kan bli forandret på ved å gi dem den oppnådde usannheten og sannheten.

Det er lett å forstå om samvittigheten hvis vi først forstår menneskets natur, fordi samvittighet er dommens standard som blir laget etter naturen. Du aksepterer en oppnådd kunnskap om sannhet og usannhet i din medfødte natur, og vil danne deg en viss dom. Dette er samvittigheten. Så i ens samvittighet kan en finne sannhetens hjerte, ondskapen fra ens natur, og ens egoisme.

Ettersom dagene går blir verden mer og mer fylt men synder og ondskap, og menneskenes samvittigheter bli mer og mer ond. De arver en større og større ond natur fra deres foreldre, og på toppen av dette vil de også akseptere mer usannhet i deres liv. Denne prosessen fortsetter fra generasjon til generasjon. I det deres samvittighet blir mer og mer ond og følelsesløs, blir det bare mer og mer vanskelig for dem å akseptere evangeliet. Det er istedenfor lettere for dem å motta Satans arbeide og bli syndig.

4. Kjøttets Påvirkning

Når et menneske synder, vil det selvfølgelig bli straff ifølge loven i det åndelige riket. Gud har tålmodighet med ham for å prøve å få ham til å angre og omvende seg fra hans synder, men hvis han går over grensen, vil han få tester og prøvelser, eller forskjellige ødeleggelser.

Alle blir født med syndige egenskaper, for de syndige egenskapene fra den første mannen Adam har blitt gitt videre til barna gjennom livsenergien fra foreldrene. Vi kan noen ganger til og med se barn utrykke deres sinne og frustrasjon ved å for eksempel gråte mye. Hvis vi noen ganger ikke gir et gråtende barn som er sultent mat, vil han gråte så mye at det vil virke som om han har problemer med å puste. Og senere vil han kanskje nekte å spise fordi han er så sint. Selv nyfødte barn vil opptre slik fordi de arvet bråsinhet, hat, eller misunnelse ifra deres foreldre. Dette er på grunn av at alle mennesker har syndige egenskaper i hjertene deres, og dette er den opprinnelige synden.

Mennesker begår også synder i deres utvikling. Akkurat som magnet trekker til seg metall, vil de som lever i den fysiske verden fortsette med å akseptere det som ikke er sant og så synde. Disse 'selvstendige' syndene kan bli delt opp i synder i hjertet og synder i handling. Forskjellige synder har forskjellig omfatning, og synden som en begår gjennom handling vil helt sikkert bli dømt (1. Korinterne 5:10). Syndene som blir utført gjennom handling, kan bli referert til som 'kjøttets arbeide'.

Kjøttet og Kjøttets Påvirkning

1. Mosebok 6:3 sier, *"Das a HERREN, 'Min ånd skal ikke alltid bo i menneskene; for de er bare svake skapninger. Deres levetid skal være 120 år.'"* Her refererer ikke 'kjøttet' simpelthen til den fysiske kroppen. Det betyr også at mennesket har blitt et kjødelig menneske som har blitt flekket med synder og ondskap. Et slikt kjødelig menneske kan ikke oppholde seg sammen med Gud i all evighet, og vil derfor ikke bli frelst. Ikke mange generasjoner etter at Adam ble drevet ut av Edens Have og begynte å leve her på jorden, begynte hans etterkommere veldig hurtig å gjøre kjødelig arbeide.

Gud hadde Noah, som var den rettferdige mannen på den tiden, lage i stand en ark og advarte menneskene om å omvende seg ifra deres synder. Men det var ingen andre enn Noahs familie som ville gå inn i arken. Ifølge den åndelige loven som sier 'syndens lønn er døden' (Romerne 6:23), ble alle på Noahs tid ødelagt av floden.

Hva er så den åndelige meningen med 'kjøttet'? Det refererer til 'den usanne naturen i ens hjerte som blir avslørt gjennom spesielle gjerninger'. Misunnelse, bråsinnhet, hat, grådighet, utroskap, arroganse, og andre indre usannheter i mennesker blir med andre ord avslørt gjennom brutalitet, banning, utroskap, eller mord. Alle disse gjerningerne blir kaldt 'kjødelige', og hver og en av disse handlingene er kjøttets gjerninger.

Men de syndene som ikke blir avslørt gjennom handling, men bare blir gjort gjennom tankene og sinnet blir kaldt 'kjødelige ting'. De kjødelige tingene kan en dag vise seg som kjødelig arbeide, så lenge det ikke kommer fra hjertet. Flere detaljer om de kjødelige tingene vil bli diskutert i Del 2 av 'Sjelens Dannelse'.

Så fort de kjødelige tingene blir avslørt som kjødelig arbeid, blir det urettferdig og ulovlig. Hvis vi sitter med syndige naturer i hjertet, kan det ikke bli sett på som urettferdighet, men så fort det blir satt inn i handling blir det urettferdig. Hvis vi ikke kaster bort disse kjødelige tingene og kjødelige arbeidene, men fortsetter å gjøre dem, vil det oppstå en vegg av synder mellom deg og Gud. Da vil Satan anklage oss og gi oss tester og prøvelser. Vi vil kanskje møte ulykker siden Gud ikke lenger kan beskytte oss. Vi vet ikke hva som vil skje i morgen hvis vi ikke kan bli beskyttet av Gud. På grunn av dette kan vi heller ikke få svar på våre bønner.

Åpenbart Kjødelig Arbeide

Hvis ondskap blir vanlig her i verden, vil noe av de mest åpenbare syndene bli seksuell umoral og sensualitet. Sodom og Gomorra var fulle av sensualitet, og ble ødelagte av svovel og ild. Hvis du ser på det som er igjen etter av byen Pompeii, vil den fortelle oss hvor utro og forfallen samfunnet er.

Galaterne 5:19-21 beskriver det åpenvbare kjødelige arbeid:

> *Det er klart hva som kommer fra vårt kjøtt og blod: Hor, umoral, utskeielser, avgudsdyrkelse, trolldom, fiendskap, strid, sjalusi, sinne, selvhevdelse, stridigheter, splittelser, misunnelse, fyll, festing og mer av samme slag. Jeg har sagt det før, og jeg sier det igjen: De som driver med slikt, skal ikke arve Guds rike.*

Selv i dag kan slikt arbeide bli ustyrelig rundt om i verden. La meg gi deg noen eksempler på slike kjødelige arbeider.

Det første er seksuell umoral. Seksuell umoral kan enten bli fysisk eller åndelig. På en fysisk måte vil det referere til utroskap eller hor. Selv de som er forlovet til hverandre kan ikke være noe unntak. I dag vil noveller, filmer, eller såpeoperaer fremstille hor som noe som er like vakkert som kjærlighet, og derfor gjøre menneskene insensitive mot synder og deres skarpsindighet vil bli utydelig. Det finnes også mye uanstendig stoffer som oppmuntrer utukt.

Men det finnes også åndelig umoral for de troende. Når de drar til en spåkone, har en amulett eller lykkeamuletter, eller driver trolldom, da vil dette være utroskap (1. Korinterne 10:21). Hvis de kristne ikke stoler på Gud, Han som styrer livet, døden, velsignelsen, og forbannelsen, men stoler heller på idoler og demoner, vil dette være en åndelig utroskap, som er det samme som å bedra Gud.

For det andre er urenhet det samme som å følge ens begjær og å gjøre mange gale ting, og når ens liv blir fylt med ord og handlinger som er utroe. Dette er noe som ligger utenfor det vanlige nivået av seksual umoral, som for eksempel å parre seg med dyr, ha gruppesex, og homoseksualitet (Tredje Mosebok 18:22-30). Jo mer dominerende syndene er, jo mer intens blir menneskene overfor utenomekteskapelige tingene.

Disse tingene er å ikke lyde og stå opp imot Gud (Romerne 1:26-27). De er synder som berøver frelse (1. Korinterne 6:9-10), som er avskyelige overfor Gud (5. Mosebok 13:18). Å endre på ens kjønn gjennom en operasjon, eller for menn til å kle på seg kvinneklær, eller for kvinner til å ta på seg mensklær er alle avskyelige overfor Gud (5. Mosebok 22:5).

Det tredje sier også at idoltilbedelse overfor Gud er avskyelig. Det finnes fysisk idoltilbedelse og åndelige idoltilbedelse.

Fysisk idoltilbedelse er å tjene og tilbe speilbilder som har blitt laget av tre, steiner, eller metall, istedenfor å søke etter Gud Skaperen (2. Mosebok 20:4-5). Voldsom idoltilbedelse vil få forbannelsene til å gå helt ned til den tredje eller fjerde generasjonen. Hvis du kikker på familier som ofte tilber idoler, kan du se at fiende djevelen og Satan hele tiden gir dem tester og prøver, slik at det aldri virker som om deres familieproblemer noen ganger opphører. Det finnes spesielt mange familiemedlemmer som er besatte av demoner, som har sinnssykdommer eller er alkoholikere. De som er født inn i slike familer vil ha det vanskelig med å føre et troende liv, selv om de har akseptert Herren, for fiende djevelen og Satan vil fremdeles forstyrre dem.

Åndelig utroskap vil skje når en av Guds troende elsker noe annet mer enn han elsker Gud. Hvis de bryter Herrens Dag for å nyte en film, såpeopera, idrettsbegivenhet, eller andre hobbier, eller hvis de forsømmer deres troende forpliktelser på grunn av en kjæreste, er også dette utroskap. Andre enn dette, er det også et idol hvis du elsker noe som helst annet som familie, barn, verdslige underholdninger, luksuriøse goder, myndighet, berømmelse, grådighet, eller kunnskap mer enn Gud.

For det fjerde er spådom bruk av makt som en har fått ifra medvirkningen eller kontrollen fra den onde åndene for guddommelighet.

Det er ikke riktig å gå til spåkoner og si at du tror på Gud. Selv de ikke troende får større katastrofer ved å holde spådom, for spåkoner anbringer de onde åndene.

Hvis du for eksempel holder en slags spådom for å prøve å kvitte deg med problemer, da vil disse problemene bare bli verre istedenfor å forsvinne. Etter spådommen vil det virke som om de onde åndene holder seg stille, men de vil snart komme med større problemer for å kunne motta mer tilbedelse. Noen ganger virker det som om de forteller om ting i fremtiden, men onde ånder kjenner ikke til fremtiden. Det er bare det at de er åndelige skapninger og de kjenner til menneskenes kjødelige hjerter, så de narrer folk til å tro at de blir fortalt om fremtiden, slik at de kan kan tilbe dem. Spåkoner kan også lage planer om å narre andre, og vi burde derfor være forsiktige med disse også. Hvis du lar noen falle inn i et hull ved å bruke en ond plan, vil dette være et godt bevis på det kjødelige arbeidet, og en måte å føre ulykker til deg selv.

Den femte sier at fiendskap er positivt, aktivt, og en typisk gjensidig hat eller uvilje. Det er å gjerne ville at andre skal bli skadet og å også få det til å skje. De som er fiendskapelige vil hate andre gjennom onde følelser bare på grunn av at de ikke liker den andre personen. Hvis denne omfattelsen av hat er altfor mye, da vil de kanskje eksplodere, eller begynne å baktale og lage onde planer.

Den sjette sier at uenighet er bitter og kan noen ganger være voldsomme konflikter eller uenigheter. Det kan være å danne forskjellige grupper i en kirke bare på grunn av at andre har forskjellige synspunkter. De prater dårlig om andre og dømmer og fordømmer. Da vil kirken bli delt opp i mange grupper.

Den sjuende er når uenigheter blir splittet opp i grupper på grunn av deres egne tanker. Selv familier vil skille seg, og det kan også oppstå forskjellige avdelinger i kirken. Davids sønn Absalom bedro og gikk vekk ifra sin far og fulgte så hans egne ønsker. Han protesterte mot hans far om å kunne bli konge. Gud vil forlate en slik person. Absalom møtte så til slutt en miserabel død.

Den åttende er splittelser. Når det oppstår splittelser, kan dette lett bli til kjetterier. 2. Peters brev 2:1 sier, *"Men det fantes også falske profeter i folket, og på samme måte skal det stå fram falske lærere blant dere. De skal lure inn vranglære som fører i fortapelse, og til og med fornekte den Herren som har kjøpt dem fri."* Kjetteri er å nekte Jesus Kristus (1. Johannes 2:22-23; 4:2-3). De sier at de tror på Gud, men nekter Gud Treenigheten, eller Jesus Kristus som kjøpte oss med Sitt blod, og dermed gi hurtig ødeleggelse til seg selv. Bibelen forteller oss klart og tydelig at kjetteri er de som nekter Jesus Kristus, og at vi derfor ikke burde hensynsløst dømme de som aksepterer Gud Treenigheten og Jesus Kristus.

Det niende er når sjalusien blir til en seriøs handling. Misunnelse er å føle seg ukomfortabel og om å holde seg vekk ifra andre og hate dem når det virker som om de gjøre det bedre enn en selv. Hvis denne misunnelsen utvikler seg, kan det oppstå mange gjerninger som er skadelige overfor andre. Saulus var sjalu på hans egen mann David, fordi David var elsket høyere av folket enn han selv. Han brukte til og med hans egen hær til å drepe David, og ødela presten og menneskene i byen som hadde gjemt David.

Den tiende er drukkenskap. Noah gjorde en feil etter at han hadde drukket vin etter floden, og det brakte et utrolig resultat.

Han forbannet hans andre sønn Ham som avslørte hans feil.

Efeserne 5:18 sier, *"Og ikke bli full med vin, for dette er sløseri, men bli full av Ånden."* Noen sier at det kanskje er OK med bare et glass. Men dette er fremdeles en synd, for selv om det bare gjelder et glass eller to, drikker du alkohol for å bli full. Dessuten vil de som er fulle gjøre mange syndige ting siden de ikke kan styre seg selv.

Bibelen nevner det å drikke vin fordi i Israel var det lite med vann, og Gud tillot dem så å drikke vin i stedet for vann. Vinen er ren juice fra vinen, eller en sterk drikk som er laget av frukter som har mer sukker (5. Mosebok 14:26). Men Gud tillot egentlig ikke mennesker å drikke alkohol (3. Mosebok 10:9; 4. Mosebok 6:3; Salomos ordspråk 23:31; Jeremias 35:6; Daniel 1:8; Lukas 1:15; Romerne 14:21). Gud tillot bare et begrenset bruk av vin i veldig spesielle tilfeller. Men selv om det bare er juice ifra frukter, ville mennesker fremdeles bli fulle hvis de drakk for mye. Av denne grunnen drakk isralittene vinen istedenfor vann, og de drakk ikke drikken for å bli full og for å nyte seg.

Å feste er også å nyte alkohol, kvinner, gambling, og andre begjærlige ting uten noen som helst selvbeherskelse. Slike mennesker kan ikke fullføre deres forpliktelser som mennesker. Hvis du finner deg selv uten noen som helst selvbeherskelse er også dette en slags fyllefest. Hvis du lever et overdrevent motbydelig liv, eller lever et liv med sløseri, er også dette en form for rangel. Hvis du lever et slikt liv til og med etter at du har mottat Herren, kan du verken gi ditt hjerte til Gud eller kaste bort syndene, og du kan derfor ikke arve Guds kongerike.

Å med Hensikt Ikke Kunne Arve Guds Kongerike

Opp til nå har vi sett på det åpenbare kjødelige arbeidet. Hva er så den fundamentale grunnen til at mennesker begår slike kjødelige arbeider? Det er på grunn av at de ikke vil ta Gud Skaperen inn i deres hjerte. Det blir beskrevet i Romerne 1:28-32: *"De brydde seg ikke om å kjenne Gud, derfor overga Gud dem til en sviktende dømmekraft, så de gjør slikt som ikke sømmer seg. De er fulle av all slags urett, umoral, grådighet og ondskap, fulle av misunnelse, mordlyst, strid, svik og falskhet. De farer med sladder og baktalelse, hater Gud, bruker vold, er overmodige og brautende, de pønsker ut ondskap og er ulydige mot foreldrene, de er uforstandige, upålitelige, ukjærlige og ubarmhjertige. De vet hva Guds lov sier, at de som gjør slikt, fortjener å dø. Men ikke bare gjør de dette selv; de roser også andre som gjør det."*

Det sier stort sett at du ikke vil arve Guds kongerike hvis du praksiserer åpenbare kjødelig arbeide. Dette betyr selvfølgelig ikke at du ikke kan bli frelst fordi du har syndet et par ganger på grunn av en svak tro.

Det er ikke sant at nye troende som ikke kjenner til sannheten veldig godt eller de med en svak tro ikke kan motta frelse bare på grunn av at de ikke har kastet bort deres kjødelige arbeide ennå. Alle mennesker har ondskap i seg til deres tro modner, og de kan bli tilgitt deres synder ved å stole på Herrens blod. Men hvis de fortsetter med å gjøre kjødelige ting uten å vende seg vekk ifra dem, da kan de ikke motta frelse.

Synder som Fører til Døden

1. Johannes 5:15-16 sier, *"Og når vi vet at Han hører oss hva vi enn ber om, så vet vi at vi allerede har det vi har bedt om. Dersom noen ser sin bror begå en synd som ikke fører til død, da skal han be for ham og slik gi ham liv – så sant han ikke er av dem som synder til døden. Det finnes synd som fører til død, men jeg taler ikke om bønn for den."* Akkurat som det står, kan vi se at det finnes synder som fører til døden og også synder som ikke fører til døden.

Hva er så synder som fører til døden, som tar ifra oss rettigheten til å arve Guds kongerike?

Hebreerne 10:26-27 sier, *"Fortsetter vi å synde med vitende og vilje etter at vi har lært sannheten å kjenne, da finnes det ikke lenger noe offer for synder. Forferdelig er det vi da har i vente."* Hvis vi fortsetter med å synde og er fullt klar over at vi synder, betyr dette å sette seg opp imot Gud. Gud gir ikke den angrende ånden til slike mennesker.

Hebreerne 6:4-6 sier også, *"Når noen en gang har blitt opplyst og har smakt den himmelske gave og fått del i den*

Hellige Ånd, har smakt Guds gode ord og den kommende verdens krefter, og så faller fra, da er det umulig å fornye dem så de igjen vender om. De korsfester Guds Sønn på nytt og gjør Ham til skam." Hvis du stiller deg opp imot Gud etter at du har hørt sannheten og erfart arbeidet fra den Hellige Ånd, da vil du ikke kunne få den angrende ånden, og du kan derfor ikke bli frelst.

Hvis du fordømmer arbeidet til den Hellige Ånd som djevelens arbeid eller kjettersk, da kan du heller ikke bli reddet, fordi dette betyr at du spotter Gud og at du står opp imot den Hellige Ånd (Matteus 12:31-32).

Vi må forstå at det finnes synder som ikke kan bli tilgitt og vi må derfor aldri begå slike synder. Til og med små ubetydelige synder kan bli til store forferdelige synder hvis du ikke gir slipp på dem. Vi må derfor hele tiden holde oss selv innenfor sanheten.

5. Kultivering

Menneskenes kultivasjon refererer til alle prosessene i Guds skapelse av menneskene her på jorden og styrelsen av menneskenes historie til Dommedagen for å kunne få sanne barn.

Kultivasjonen er prosessen hvor en bonde sår frø og høster inn gjennom hans slit og strev med avlingene. Gud sådde også det første frøet her på jorden som ble kaldt Adam og Eva for å innhøste sanne barn gjennom alt Hans slit her på jorden. Opp til i dag har Han ledet den menneskelige kultivasjonen. Gud visste på forhånd at mennesker ville bli bedervet fordi de ikke ville adlyde og Han Selv ville bli bedrøvet. Men Han kultiverte mennesker helt til slutten, for han vet at det finnes sanne barn som Gud. kultiverte mennesker helt til slutten, for Han vet at det finnes sanne barn som kaster vekk ondskap med deres kjærlighet for Gud og som har et hjerte som Gud.

Menn kommer fra støvet på bakken, så de har egenskapene som er jordens kjennemerke. Hvis du sår frøene i jorden, da vil frøene spire, vokse opp, og bære frukter. Vi kan se at jorden har makten til å frembringe nytt liv. Jordens egenskap vil forandre seg ifølge hva du putter i det. Det samme gjelder mennesker. De som blir sint vil ofte ha mer sinne i deres natur. De som forteller en løgn vil ofte ha mer falskhet i deres natur. Etter at Adam syndet, ble han og hans etterkommere kjødelige og de ble veldig hurtig mer og mer flekket av usannhet.

Av denne grunnen må mennesker kultivere deres hjerte og gjenvinne deres åndelige hjerte gjennom 'menneskelig kultivasjon'. Grunne til at mennesker er kultiverte her på jorden er tross alt for at de kan kultivere hjertene deres og gjenvinne det rene hjertet som Adam før hadde hatt før hans nedfall. Gud har gitt oss sammenligningene som er forbundet med kultivasjonen i Bibelen slik at vi kan forstå Hans forsyn angående menneskenes kultivasjon (Matteus 13; Mark 4; Lukas 8).

In Matteus 13. kapittel, sammenligner Jesus menneskenes hjerte til veikant, steinete åker, tornete åker, og god jord. Vi burde sjekke og se hva slags jord vi har og så pløye det til en god jord som Gud vil like.

Fire Slags Hjerte Åkere

Først er veikanten den hardeste bakken som mennesker spaserer på. Det er i virkeligheten ikke engang en åker, og ingenting vil kunne spire fra det. Det finnes ikke noe liv der.

Den åndelige forstanden med veikanten refererer til hjertet til de som ikke aksepterer evangeliet i det hele tatt. Hjertet er så hardt med deres ego og stolthet at frøet fra evangeliet kan ikke bli sådd. På Jesus tid var de jødiske lederne så stae med hensyn til deres egen mening og tradisjoner at de avviste Jesus og evangeliet. De som i dag har et hjerte som veikanten er så stae at de ikke åpner sinnet deres og avviser evangeliet selv om de ser Guds makt.

Veikanten er veldig hard, og frøet kan ikke bli plassert nede i jorden. Så fuglene kommer og spiser frøene. Her refererer fuglene til Satan. Satan tar Guds Ord slik at menneskene ikke kan få noen tro. De går i kirken gjennom menneskenes sterke begjær, men de vil ikke tro på Guds Ord som blir forkynnet. De vil heller dømme presten eller budskapet basert på deres egne ideer. De som har et hardt hjerte og som ikke åpner hjertet deres kan ikke motta frelse i det hele tatt fordi frøet ifra Ordet kan ikke bære noen frukt.

For det andre er den steinede åkeren litt bedre enn veikanten. Et menneske som veikanten har ingen hensikt i å ta imot Guds Ord, men en med en steinet åker vil forstå Hans Ord som han hører. Hvis du sår frøene i den steinete åkeren, da vil frøene spire over alt, men de kan ikke vokse opp. Markus 4:5-6 sier, *"Noe falt på steingrunn hvor det var lite jord, og det skjøt straks i været, fordi jordlaget var tynt. Men da solen steg, ble det svidd og visnet fordi det ikke hadde fått slå rot."*

De som har hjertet som en steinete åker forstår Guds Ord, men kan ikke akseptere det gjennom troen. Markus 4:17 sier, *"...men de har ingen rot og holder ut bare en tid. Når de møter motgang eller forfølgelse for ordets skyld, faller de straks fra."* Her refererer 'ordet' til Guds Ord som forteller oss ting som, "Hold Sabbaten Hellig, gi full tiendedel, ikke tilbe idoler, tjen andre og ydmyk deg selv." Når de hører på Guds Ord tror de at de vil holde på Hans Ord, men de kan ikke holde på deres besluttsomhet når de møtte vanskeligheter. De jubler når de mottar Guds nåde, men i vanskelige tider endret de snart deres holdning. De har hørt og kjenner Hans Ord, men de har ikke styrken til og praksisere det fordi Hans Ord ikke har blitt kultivert i hjertet deres som en sikker tro.

For det tredje vil de som har et tornet åker som hjerte forstå Guds Ord og begynne å praksisere det. Men de kan ikke fullstendig praksisere Guds Ord, og det finnes ingen vakker frukt. Markus 4:19 sier, *"...men engstelsene her i verden, og bedrageriene fra de rike, og ønskene om andre ting vil gå inn og overfylle verden, og den vil da bli ufruktbar."*

De som har et slikt hjerte virker som om de er gode troende som praksiserer Guds Ord, men de har fremdeles tester og prøvelser og deres åndelige vekst er veldig langsom. Dette er på grunn av at de ikke erfarer Guds egentlige arbeide siden de blir bedratt av verden, og heller ikke de rikes bedrageri, eller ønsker om andre ting. La oss anta at deres firma gikk konkurs og at de for eksempel havner i fengsel. Hvis situasjonen her tillater dem å betale tilbake gjelden på en annen måte, og Satan frister dem gjennom dette, da vil de ganske sansynlig bli fristet. Gud kan bare hjelpe dem når de gjør det rettferdige samme hvor hardt det er, men de gir seg til Satans fristelse.

Selv om de har villigheten til å adlyde Guds Ord, kan de ikke virkelig adlyde troende fordi deres sinn er fylt med menneskelige tanker. De ber om at de vil gi alt i Guds hender, men de vil egentlig først bruke deres egne erfaringer og teorier. De legger først deres egne planer, slik at ting ikke virkelig gågodt for dem, selv om det virker som om det går godt i begynnelsen. Jakob 1:8 sier at disse menneskene har to sinn.

Når det bare finnes spirer av tornene, virker det ikke som om det kan ha noe spesiell skade. Men hvis de vokser opp, da vil situasjonen være fullstendig annerledes. De vil bli til en buske og blokkere andre gode frø fra å vokse opp. Hvis det derfor finnes noe som helst element som hindrer oss fra å adlyde Guds Ord, må vi dra det ut med det samme selv om det virker som om det er ubetydelig.

Det fjerde er at den gode jorden er bakken som er fruktbar og som har blitt pløyet godt av bonden. Den harde jorden har blitt pløyet, og steinene og tornene ble fjernet. Dette betyr at du ikke vil gjøre ting som Gud forbyr og at du også vil kaste bort tingene som Gud ber oss om å kaste bort. Det finnes ingen steiner eller andre hindringer, og når Guds Ord så faller ned på det, vil det produsere frukter 30, 60 eller 100 ganger så mye som det ble sådd. Slike mennesker vil få svar på deres bønner.

For å kunne sjekke hvor godt vi har kultivert hjertet i den gode jorden, kan vi se hvor godt vi praksiserer Guds Ord. Jo mere god jord som du har kultivert, jo lettere er det å leve ifølge Guds Ord. Noen mennesker kjenner godt til Hans Ord, men de kan ikke praksisere det på grunn av at de er trette, late, usanne tanker, og ønsker. De som har et hjerte i likhet med den gode jorden vil ikke ha noen slike hindringer, så de vil derfor forstå og praksisere

Guds Ord så fort de hører det. Så fort de innser at noe er Guds vilje og vil tilfredstille Gud, vil de bare automatisk gjøre det.

Idet du kultiverer ditt hjerte, vil du også begynne å like de som du før hatet. Du kan nå tilgi de som du ikke før kunne tilgi. Misunnelse og dømming vil omvende seg til kjærlighet og barmhjertighet. Overlegne sinn vil bli til ydmykhet og tjeneste. Å kaste bort ens ondskap på denne måten og å omskjære ens hjerte betyr å kultivere ens hjerte for å gjøre det til en god jord. Så idet frøet fra Guds Ord faller på den gode jordens hjerte, vil den hurtig spire og vokse opp til den bærer massevis av de ni fruktene til den Hellige Ånd, og fruktene til Lyset.

Når du forandrer ditt hjerte til en god jord, da kan du motta åndelig tro ovenfra. Du kan også be iherdig om å dra makten fra Gud ned fra himmelen, høre stemmen til den Hellige Ånden klart og tydelig og fullføre Guds vilje. Det er slike menneskefrukter som Gud gjerne vil ha fra menneskenes kultivasjon.

Karets Egenskap: Plassen i Hjertet

En viktig ingrediens når en kultiverer vårt hjerte er karets egenskap. Karets egenskap er forbundet med de egenskapene som en finner i karet. Det vil vise oss hvordan en hører på Guds Ord, holder det i sine tanker, og praksiserer det. Bibelen sammenligner gullkaret, sølvkaret, trekaret eller leirekaret (2.

Timoteus 2:20-21).

De hører alle på det samme Ordet fra Gud, men de vil ha forskjellig forståelse av det. Noen aksepterer det med et 'Amen', mens andre vil bare la det slippe unna fordi det ikke stemmer med deres egne tanker. Noen vil høre på det med et sanferdig hjerte og prøve og praksisere det, mens andre føler seg velsignet av budskapet, men vil ganske hurtig glemme det.

Disse forskjellene kommer fra forskjellen på karets egenskaper. Hvis du fokuserer på det Ordet fra Gud som du hører, vil det bli sådd i ditt hjerte forskjellig fra Ordet Hans som du hører når du er søvnig og ikke klarer å fokusere deg. Selv om du hører på det samme budskapet, vil resultatet bli veldig forskjellig mellom det å holde det dypt inne i ditt hjerte og det å bare flyktig høre på det.

Apostlenes gjerninger 17:11 sier, *"Jødene der hadde et edlere sinnelag enn de i Tessalonika, og de tok imot Ordet med all velvilje og gransket skriftene daglig for å se om alt stemte,"* og Hebreerne 2:1 forteller oss, *"Av denne grunnen må vi se mye nærmere på hva vi har lært, slik at vi ikke driver vekk ifra det."*

Hvis du hører iherdig på Guds Ord, holder det i dine tanker, og praksiserer det som det er, kan vi si at vårt kar har en god egenskap. De som har kar med god egenskap er lydige overfor Guds Ord, så de kan hurtig kultivere god jord i hjertet. Så ettersom de har god jord i hjertet, vil de naturligvis holde på Guds Ord dypt inne i deres hjerte og leve etter det.

Gode egenskaper i karet vil hjelpe til med å kultivere en

god jord, og den gode jorden vil også hjelpe til med å kultivere gode egenskaper i karet. Akkurat som det ble sagt i Lukas 2:19, *"Men Maria tok vare på alt som ble sagt, og grunnet på det i sitt hjerte,"* Jomfru Maria hadde et godt kar for å kunne holde på Guds Ord i hennes sinn, og hun mottok velsignelsen til å bli befruktet med Jesus fra den Hellige Ånd.

1. Korinterne 3:9 sier, *"For vi er Guds kollegaer; dere er Guds åker, Guds bygning."* Vi er åkeren som Gud kultiverer. Vi kan ha et rent og godt hjerte akkurat som god jord, og et godt kar akkurat som et gullkar og bli brukt av adelige grunner av Gud hvis vi hører på og holder på Guds Ord i sinnet og praksiserer det.

Hjertets Egenskap: Karets Størrelse

Det finnes et annet begrep som samsvarer med karets egenskap. Dette er om hvor mye en utvider og bruker hans hjerte. Egenskapen til karet har med karets materielle ting, mens hjertets egenskap er på størrelse med selve karet. Det kan bli satt in i fire forskjellige kategorier.

Den første kategorien er de som gjør mer enn det som er forventet av dem. Dette er den beste egenskapen i hjertet. Foreldre vil ofte spørre barna deres om å for eksempel plukke opp søppelet på gulvet. Da vil barne ikke bare plukke opp søppelet men også gjøre rent rommet. De vil gjøre mer enn hva som er forventet av dem, og de vil derfor gjøre deres foreldre veldig glade. Steven og Filip var bare diakoner, men de var like trofaste og hellige som apostlene. De var en stor glede for Gud og utførte store under, tegn og makt.

Den andre kategorien er de som bare gjør det som er forventet av dem. Slike mennesker vil gjøre deres forpliktelser, men de vil ikke virkelig bry seg om andre eller deres omgivelser. Hvis foreldrene deres spør dem om å plukke opp noe søppel, da vil de plukke opp søppelet. De kan bli roset for deres lydighet, men de kan ikke bli større glede til Gud. Noen troende i kirken vil også falle inn i denne kategorien; de vil bare fullføre deres plikter og vil ikke virkelig bry seg om andre ting. Slike mennesker kan ikke virkelig bli til en stor glede i Guds øyne.

Den tredje kategorien er de som gjør som de må på grunn av en følelse av forpliktelse. De utfyller ikke deres plikter med glede og takknemlighet, men med klager og grubling. Slike mennesker er negative i alle ting og de er gjerrige når de offrer seg selv og nåde hjelper andre. Hvis de får visse plikter, da kan de utføre dem på grunn av en viss følelse av forpliktelse, men de vil sannsynligvis gjøre det vanskelig for andre. Gud ser på vårt hjerte. Han er veldig glad når vi fullfører våre gjerninger på grunn av vår viljekraft og med vår kjærlighet for Gud istedenfor å føle at vi tvunget til det eller på grunn av en plikthetsfølelse.

Den fjerde kategorien er for de som er onde. Slike mennesker har ingen ansvarsfølelse eller pliktfølelse. Og de tar heller ikke andre i betraktning. De insisterer på deres egne tanker og teorier og gjør det vanskelig for andre. Hvis slike mennesker er prester eller ledere som tar vare på kirkemedlemmene, kan de ikke ta vare på dem med kjærlighet og vil derfor tape sjeler eller få dem til å snuble. De vil alltid klandre andre for de uheldige resultatene og de vil til slutt si opp deres verv. Det er derfor best at de ikke får noen forpliktelser i første omgang.

La oss nå se hva slags egenskap vi har i hjertet. Selv om vårt hjerte ikke er bredt nok, kan vi omgjøre det til et større et. For å kunne gjøre dette, må vi praktisk talt rense vårt hjerte og ha god egenskap i karet. Vi kan ikke bare ha en god egenskap i hjertet mens vi har en dårlig egenskap i karet. Det er også en god måte å kultivere et godt hjerte hvis vi offrer oss selv gjennom hengivenhet og begjær i alt det vi gjør.

De med en god egenskap i hjertet kan gjøre store ting for Gud og gi mye ære til Gud. Dette var tilfelle med Josef. Josef ble solgt til Egypt av hans egne brødre, og ble en slave til Potifar, som var lederes for Faraos livvakt. Men han klaget ikke på hans liv fordi han hadde blitt solgt som slave. Han fullførte hans plikter så trofast at hans herre hadde stor tillit til ham, og han fikk ansvaret for alle ting i husholdningen. Senere ble han galt anklaget og satt i fengsel, men han var like trofast som han alltid hadde vært, og ble til slutt statsminister for hele Egypt. Han reddet landet og hans familie fra den forferdelige tørken og la grunnlaget til å danne landet Israel.

Hvis han ikke hadde hatt gode egenskaper i hjertet, ville han bare gjort det som hans herre hadde bedt ham om å gjøre. Han ville ha dødd som en slave i Egypt eller fått en liv i fengsel. Men Josef ble brukt mye av Gud fordi han gjorde sitt beste i Guds øyne hver eneste gang og handlet med et stort hjerte.

Hvete eller Søppel?

Gud har kultivert mennesker i lang tid her i denne fysiske verden siden Adams nedgang. Når tiden er riktig vil Han separere hveten fra klinten og ta hveten med seg til himmelens kongerike og klinten til helvete. Matteus 3:12 sier, *"Han har kastegaffelen i hånden og skal rense kornet på treskeplassen. Hveten sin skal Han samle i låven, men agnen skal Han brenne opp med en ild som aldri slukner."*

Her refererer hveten til de som elsker Gud og som praksiserer Hans Ord ved å leve i sannheten. For de som på den annen side ikke lever i Guds Ord men i ondskapen og som ikke lever i sannheten, og for de som aksepterer Jesus Kristus og gjør kjødelige arbeid, tilhører klinten.

Gud vil at alle skal bli som hveten og motta frelse (1. Timoteus 2:4). Det er bare akkurat som bønder som liker å høste inn fra alle frøene som de sådde i åkeren. Men på innhøstingstiden finnes det alltid klint (søppel), og alle i den menneskelige kultivasjonen vil på samme måte ikke bli hvete som kan reddes.

Hvis vi ikke innser dette i den menenskelige kultivasjonen,

vil en kanskje spørre et spørsmål som, "Det blir sagt at Gud er kjærlighet, så hvorfor ville han spare andre og sende andre mot ødeleggelse." Men Gud kan ikke velge individuelle frelser ifølge Hans eget synspunkt. Det er opp til hver persons frivillighet. Alle som lever på den fysiske plassen må velge å gå enten til Himelen eller til Helvete.

Jesus sa i Matteus 7:21, *"Ikke enhver som sier til Meg: 'Herre, Herre,' skal komme inn i himmelriket, men den som gjør min himmelske Fars vilje"* og i Matteus 13:49-50, *"Slik skal det gå ved verdens ende: Englene skal dra ut og skille de onde fra de rettferdige og kaste dem i ildovnen, der de gråter og skjærer tenner."*

Her refererer 'de rettferdige' til de troende. Det betyr at Gud vil skille klinten fra hveten blant de troende. Selv om de aksepterer Jesus Kristus og går i kirken, er de fremdeles onde hvis de ikke følger Guds vilje. De er bare klinten som skal bli kastet inn i Helvetesilden.

Gud lærer oss om hjertet til Gud Skaperen, forsynet fra menneskenes kultivasjon og livets sanne formål gjennom Bibelen. Han vil at vi skal kultivere gode egenskaper i karet og gode egenskaper i hjertet, og så komme fremover som Guds sanne barn-hveten i himmelens kongerike. Men hvor mange mennesker er det som strever etter meningsløse ting her i verden som er fylt med synder og ulovligheter? Det er fordi de blir styrt av deres sjeler.

Ånd, Sjel og Kropp I

Del 2

Dannelsen av Sjelen

(Funksjonen av Sjelen på det Fysiske Stedet)

Hvor kommer tankene til menneskene fra?

Er Min Sjel Lykkelig?

"Vi river ned tankebygninger
og alt stort og stolt som reiser seg
mot kunnskapen om Gud.
Vi tar hver atnke til fange under
lydigheten mot Kristus.
Og når dere har nådd frem til full lydighet,
står vi klar til å straffe enhver ulydighet."
- 2. Korinter 10:5-6

1. Kapittel

Dannelsen av Sjelen

Fra tiden da menneskets ånd døde,
tok hans sjel over plassen til menneskets herre mens han bodde på det fysiske stedet.
Sjelen ble så påvirket av Satan,
og mennesker ble så brukt på forskjellige måter av sjelev.

1. Sjelens Definisjon
2. Sjelens Forskjellige Funksjoner på det Fysiske Stedet
3. Mørke

Vi ser underet av Gud skapelse når vi ser skapninger som flaggermuser som finner deres bytte via ekko lokaliserings system; når vi ser laks og forskjellige fugler reiser tusenvis av mil for å dra tilbake til deres fødested og avlings steder, og hakkespetter som hakker på treet nesten tusen ganger på bare et minutt.

Mennesker er skapt for å undertrykke alle disse tingene. Menneskets fysiske utseende er ikke like sterkt som løver eller tigere. Deres myndighet eller lukteorganer er ikke like sterke som hunder. Men de er allikevel kaldt alle skapningers herre.

Det er fordi de har ånd og argumentasjons makt med en hjernefunksjon på et høyere nivå. Mennesker har intelligens og de kan utvikle vitenskap og kultur for å styre over alle ting. Dette er menneskets måte å tenke på som også er forbundet med 'sjel'.

1. Sjelens Definisjon

Hukommelsessystemet i hjernen og tankene som er laget ved å gjenvinne kunnskapen blir alle kaldt 'sjel'.

Grunnen til at vi må klart og tydelig forstå forholdet mellom ånden, sjelen og kroppen er så vi kan riktig forstå sjelens virkning. Ved å forstå dette kan vi gjenvinne sjelens virkning som Gud ønsker seg. For å kunne la være å bli styrt av Satan gjennom sjelen, må vår ånd bli vår herre og styre over våre sjeler.

Merriam-Websters Ordbok forklarer 'sjel' som 'uvesentlig essensen, animere prinsippet, eller betjening årsaken til en individuell liv; det åndelige prinsipp nedfelt i mennesker, alle rasjonelle og åndelige vesener, eller universet'. Men den bibelske meningen med sjel er annerledes enn dette.

Gu satte en hukommelses system i menneskets hjerne. Hjernen har oppgaven med å huske ting. På denne måten kan mennesker sette kunnskapen inn på en oppbevaringsmekanisme og ta det opp når de trenger det. Når de har gjenvunnet inneholdet i hukommelses systemet, blir dette kaldt 'tanker'. Tanken er derfor den som gjenvinner og som husker tingene som har blitt satt inn i hukommelsen. Hukommelsen og kunnskapen inne i den, og gjenvinnelsen av kunnskapen når en ser dens helhet, blir referert til som 'sjel'.

Menneskets sjel kan bli sammenlignet med oppbevaring av data, søke etter det, og bruke det på en datamaskin. Mennesker har sjeler slik at de kan huske og tenke, og en sjel er derfor like viktig som et hjerte for mennesker.

Ifølge hvor mye data en har sett, hørt, og satt inn, og hvor godt han husker og bruker slik data er det som danner hukommelsesmakten og intelligensen som er forskjellig fra andre. Intelligenskvotient eller IQ kommer mest an på ens arv, men den kan også bli endret på ved oppnådde ingredienser som studering og erfaringer. Selv om to personer er født med den samme intelligenskvotient, kan deres IQ bli forskjellig ifølge hvor mye de prøver.

Viktigheten med Sjelens Virksomhet

Sjelens virksomhet blir annerledes ifølge hva slags innhold vi setter inn i hukommelses systemet. Mennesker ser, hører, og føler ting og vil huske mange av disse tingene hver eneste dag. De vil senere huske de tingene når de planlegger fremtiden eller når de diskuterer og skiller mellom rett og galt.

Kroppen er akkurat som et kar som innholder ånd og sjel. Sjelen spiller en viktig rolle når en danner ens egenskap, personlighet, og en dømmende standard gjennom den 'tenkende' virksomheten. En persons suksess eller fiasko kommer stort sett an på ens sjels virksomhet.

Dette er en begivenhet som fant sted i en liten landsby kaldt Kodamuri, som lå 110 km sørvest for Kolkata, India, i 1920. Presten Singh og hans kone var misjonærer der, og de hørte fra innbyggerne om monstere som var i likhet med mennesker, og som levde sammen med ulver i huler. Når presten Singh fanget monstrene, var de to menneskelige jenter.

Ifølge journalen som presten Singh hadde, så de to jentene bare ut som mennesker. All deres oppførsel var lik ulvene. En av dem døde etter kort tid, og den andre jenten som fikk navnet Gamara levde med Singh familien i ni år og døde til slutt av en form for blodforgiftning kaldt uremi.

På dagen ville Gamara sette ansiktet sitt mot veggen i et mørkt rom, og uten å flytte seg i det hele tatt, ville hun sovne. Men på natten ville hun krabbe rundt i huset og hyle like høyt som ordentlige ulver som en hørte på lang avstand. Hun ville slikke maten uten å bruke hendene. Hun brukte alle fire 'føttene' når hun sprang som ulvene. Hvis noen barn kom i nærheten av henne, ville hun vise tennene sine og knurre og så forlate stedet.

Singh familien prøvde å gjøre denne ulvejenten til å bli et ordentlig menneske, men det var ikke lett. Først etter tre år begynte hun å spise med hendene, og etter fem år begynte hun å få ansiktsuttrykk som sørgelig eller glede. Følelsene som Gamara ville gi uttrykk for like før hun døde var veldig fundamentale, og som var i likhet med hunder som logrer med halen for å vise hvor glade de er når de møter deres eiere.

Denne historien forteller oss at menneskets sjel har en direkte innflytelse på å gjøre menneskene menneskelige. Gamara vokste opp med ulvenes oppførsel. Siden hun ikke kunne sette inn kunskapen som en trenger fra menneskene, kunne hennes sjel ikke utvikle seg. Og når hun ble oppdratt av ulver kunne hun ikke hjelpe for at hun ble akkurat som dem.

Forskjellen mellom Mennesker og Dyr

Mennesker har ånd, sjel og kropp. Den viktigste av disse er ånden. Mennesker får ånden ifra Gud, Han som er selve ånden, og den kan aldri bli utryddet. Kroppen dør og blir til støv, men ånden og sjelen blir igjen og går enten opp til Himmelen eller til Helvete.

Når Gud skapte dyr, pustet Han ikke ånden inn i dem som han hadde gjort det med menneskene, så dyr har bare en krop og en sjel. Dyr har også en hukommelse komponent i hjernen. De kan huske det de har sette og hørt i løpet av livet deres. Men på grunn av at de ikke har noen ånd, har de ikke et åndelig hjerte. Det de ser og hører ligger bare oppbevart i hukommelse delen av hjernecellene.

Forkynneren 3:21 sier, *"Hvem vet om menneskers ånd stiger opp, mens dyrenes ånd farer ned i jorden?"* Dette verset sier 'menneskets åndedrag.' Ordet 'åndedrag', som representerer menneskets sjel, blir brukt fordi det i det Gamle Testamentets tider før Jesus kom hit til jorden, og ånden som var igjen i menneskene var 'død'. Så om de ble reddet eller ikke, ville dette bety at deres 'åndedrag' eller 'sjel' hadde forlatt dem. Sjelen til menneske som 'går oppover' betyr at deres sjel ikke forsvinner, men går til enten Himmelen eller Helvete. På den annen side vil sjelen til dyrene gå ned til jorden, som vil si at de blit utryddet.

Deres hjerneceller dør når dyrene dør og innholdet i hjernen vil også forsvinne. Sjelen deres har ikke lenger noen virksomhet. I noen myter eller fortellinger, vil sorte katter eller slanger hevne seg på mennesker, men slike fortellinger burde ikke bli sett på som sanne.

Dyr har sjelens virksomhet, men det er en begrenset virksomhet som er nødvendig for at de skal overleve. Det er resultatet av intuisjon. De har en ubevisst frykt for døden. De vil kanskje bli motstandsdyktig eller vise frykt hvis de blir truet, men de vil aldri hevne seg. Dyr har ikke noen ånd, så de kan aldri søke etter Gud. Ville fisker tenke på måter de kunne møte Gud når de svømmer? Mennesker har på den annen side en helt annerledes betydning når det kommer til sjelens virksomhet, som er mye mer komplisert enn den til dyrene. Mennesker har muligheten til å tenke på ting som ikke bare er instinktive tanker om overlevelse. De kan bebygge sivilisasjoner, tenke på resten av livet, eller bearbeide filosofiske eller religiøse tanker.

Mennesker setter sjelens virksomheter på et høyere nivå fordi de også har ånden i tilleg til kroppen og sjelen deres. Selv de mennesker som ikke tror på Gud vil ha en ånd. Dette vil forklare til en viss grad hvor de forsiktig har sans for det åndelige riket og har en sans av frykt for livet etter døden. Med en ånd som er akkurat som død er de fullstendig styret av sjelene deres. De synder og vil til slutt havne i Helvete når de blir styrt av sjelen.

Sjelens Menneske

Når Adam ble skapt var han et åndelig menneske som kommunikerte med Gud. Hans ånd var nemlig hans herre og sjelen var som en tjener som adlød hans ånd. Og til og med da kunne sjelen huske og tenke, men siden det ikke fantes noen løgner eller onde tanker, fulgte sjelen bare åndens veiledninger som kun adlød Guds Ord.

Men etter at Adam spiste fra treet med kunnskapen om det gode og det onde og hans ånd døde, ble han et menneske med sjel som ble styrt av Satan. Han begynte å sette inn tanker og handlinger vedrørende usannheten. Nå tok mennesker mer og mer avstand fra sannheten, for Satan kontrollerte deres sjeler og førte dem til usannheten. Mennesker med sjeler er defor de som har ånder som er døde og som ikke kan motta noen åndelig kunnskap ifra Gud.

Sjelelige mennesker som har døde ånder kan ikke motta frelse. Dette var tilfelle med Ananias og Sapphira i den tidligere kirken. De trodde på Gud, men de hadde ikke en sann tro. De ble hisset opp av Satan om å lyve til Gud og den Hellige Ånd. Hva skjedde med dem?

Apostlenes gjerninger 5:4-5 sier, *"'Dere har ikke lyvet til menneskene, men til Gud.' Og når han hørte disse ordene, falt Ananias ned og tok hans siste åndedrag; og alle ble veldig redde når de hørte dette."*

Siden det bare står 'han tok hans siste åndedrag', kan vi anta at han ikke ble reddet. Men Steven var med andre ord et åndelig menneske som adlød Guds vilje. Han hadde nok kjærlighet til å be for de som kastet stein på ham. Han satte hans 'ånd' inn i hendene på Herren når han døde som en martyr.

Apostlenes gjerninger 7:59 sier, *"De fortsatte med å kaste stein på Steven idet han ropte på Herren og sa, 'Herren Jesus, motta min ånd!'" Han mottok den Hellige Ånd ved å akseptere Jesus Kristus og hans ånd ble mottat, og han ba derfor, "...* motta min ånd!" Dette betyr at han ble frelst, og dette er et vers som bare sier 'liv' istedenfor 'sjel' eller 'ånd'. Når Elias mottok barnet til Zarephath enken, står det at barnets liv kommer tilbake. *"HERREN hørte stemmen til Elias, og barnets liv ble reddet og han ble gjenopplivet"* (1. Kongeboken 17:22).

Akkurat som det ble talt om i det Gamle Testamentets tider, mennesker mottok ikke den Hellige Ånd og ånden deres kunne heller ikke bli vekket opp. Bibelen kaller det ikke 'ånd' selv om barnet ble reddet.

Hvorfor Befalte Gud Dem om å Ødelegge Alle Amalekittene?

Når isralittene kom ut fra Egypt pg marsjerte imot Kanaan, stod hæren til Amalekittene i veien for dem. De var ikke redde for Gud som holdt seg sammen med isralittene selv etter at de hadde hørt om Guds mektige arbeide som ble åpenbart i Egypt. De angrep isralittene blant alle etternølere når de var svake og trette (5. Mosebok 25:17-18).

Gud ba Kong Saulus om å ødelegge alle Amalekittene på grunn av dette (1. Samuel 15. kapittel). Gud ba ham om å drepe alle mennesker, kvinner og barn, de unge og de gamle, og til og med deres buskap.

Hvis vi ikke forstår ånden, da kan vi ikke forstå en slik befaling. En vil kanskje undre, "Gud er god og Han er kjærlighet. Hvorfor ville han gi en slik befaling om å sadistisk drepe mennesker som om de var dyr?"

Men hvis du forstår den åndelige betydning vedrørende denne begivenheten, da kan du forstå hvorfor Gud ba dem om å gjøre dette. Dyr har også makten av hukommelse, så når de blir trenet da vil de huske det og adlyde deres herrer. Men siden de ikke er åndelige, vil de bare bli til en håndfull med støv. De har ingen verdi i Guds øyne. De som har døde ånder og som ikke kan bli reddet vil på samme måte falle ned i Helvete, og akkurat som åndelige dyr, har de ingen verdi for Gud.

Amalekittene var særdeles slue og ondskapsfulle. Samme hvor mye mer tid de fikk, hadde de ikke flere sjanser til å omvende seg eller angre enn de hadde i begynnelsen. Hvis det hadde vært noen rettferdige eller noen som hadde hatt muligheten til å angre eller omvende seg fra deres veier, Gud ville ha prøvd alt for å redde dem. Husk på Guds løfte om at Han ikke ville ødelegge syndfylte Sodom og Gomorrah hvis de bare kunne finne ti rettferdige mennesker i byen.

Gud er full av barmhjertighet og Han blir ikke lett sint. Men for de Amalekittene hadde absolutt ikke noen sjanse til å motta frelse samme hvor mye tid de fikk. Det var ikke hveten, men klinten som ville falle ned i ødeleggelsen. Det er derfor Gud befalte dem om å ødelegge alle Amalekittene som stod opp imot Gud.

Forkynneren 3:18 sier, *"Jeg sa til meg selv angående menneskesønnen, 'Gud har helt sikkert testet dem for å se at de ikke er beists.'"* Når Gud testet dem, var de ikke annerledes enn dyr. De som hadde døde ånder vil bare fungere sammen med sjelen og kroppen, slik at de vil oppføre seg akkurat som dyr. Og i nåtidens syndige verden, finnes selvfølgelig mange mennesker som til og med er verre enn dyr. De kan selvfølgelig ikke bli reddet. På den annen side vil dyr dø og bare forsvinne. På den annen side må mennesker gå til Helvete, hvis de ikke kan bli reddet. På slutten har de det mye verre enn dyr.

2. Sjelens Forskjellige Funksjoner på det Fysiske Stedet

I det opprinnelige menneske var ånden menneskets herre, men på grunn av Adams synd, døde hans ånd. Den åndelige energien begynte å lekke ut, og den kjøedelige energien erstattet den. Siden da begynte sjelens virksomhet som tilhørte usannheten.

Det finnes to slags sjelelige virksomheter. En tilhører kjøttet og den andre tilhører ånden. Når Adam var en levende ånd, hadde han bare sannheten som kom direkte fra Gud. På denne måten hadde han bare sjelens virksomhet som tilhørte ånden. Disse virksomhetene angående sjelen tilhørte nemlig sannheten. Men når hans ånd døde, begynte sjelens virksomhet som tilhørte usannheten.

Lukas 4:6 sier, *"Og djevelen sa til Ham, 'Jeg vil gi Deg alt dette området og dens ære; for dette har jeg fått, og jeg kan gi det til hvem som helst.'"* Dette er en scene hvor djevelen testet Jesus. Djevelen sa at han hadde fått myndigheten, og ikke at han hadde hatt det fra begynnelsen. Adam ble skapt som alle skapningenes herre, men han ble en slave for djevelen for han adlød synden. Av denne grunnen ble Adams myndighet gitt til djevelen og Satan. Siden da ble sjelen menneskenes herre og alle mennesker måtte bli styrt av fiende djevelen og Satan.

Satan kan ikke herske over ånden eller menneskets sannferdige hjerte. Det hersker over menneskenes sjel slik at de kan ta hjertene deres. Satan setter forskjellige slags usannheter inn i menneskenes tanker. Helt til den grad hvor en fanger menneskenes sjels virksomhet, kan den også styre menneskenes hjerte.

Når Adam var en levende ånd, hadde han bare kunnskapen om sannheten, og hans hjerte var derfor hans ånd. Men siden Guds kommunikasjon ble brutt, kunne han ikke lenger få kunnskapen om sannheten eller den åndelige energien. Istedenfor aksepterte han kunnskapen om usannheten som Satan ga dem gjennom sjelen. Denne kunnskapen om usannheten ble til det usanne hjertet i menneskenes hjerter.

Ødelegg Sjelens Virksomhet som Tilhørte Kjøttet

Har du avvisende sagt noen ord elelr gjort noe som du aldri trodde du ville si eller gjøre? Dette er fordi mennesker blir styrt av sjelen. Siden sjelen dekker ånden, kan vår ånd bare være aktivt når vi nedbryter sjelens virksomheter som tilhører kjøttet. Hvordan kan vi så ødelegge sjelens virksomhet som tilhørte kjøttet? Den viktigste tingen er at vi må anerkjenne det afktum at vår kunnskap og ide ikke er riktige. Bare da kan vi bli klare til å akseptere sannhetens Ord, som er forskjellig fra våre egne ideer.

Jesus brukte sammenlignelser for å demonstrere menneskenes gale ideer (Matteus 13:34). De kunne ikke forstå åndelige ting fordi frøene deres ble kvelet av sjelen, slik at Jesus prøvde å få dem til å forstå gjennom sammenlignelsene ved å bruke ting ifra denne verden. Men verken Fariseerne eller Hans disipler forstod

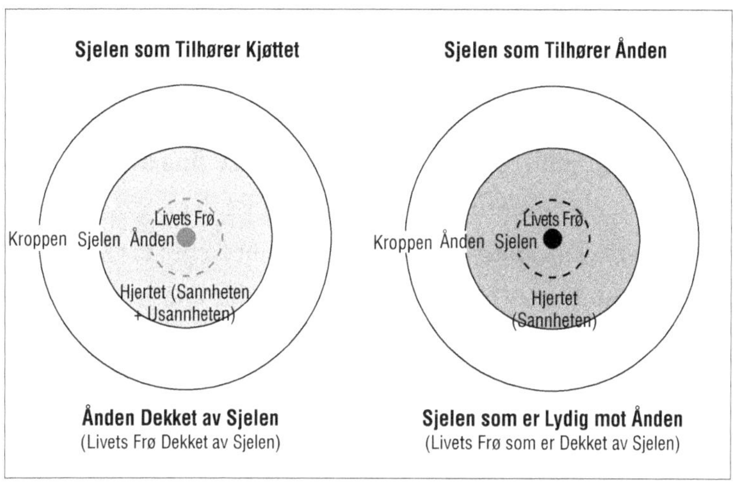

Ham. De tolket alt gjennom standarden fra deres fastsatte ideer og usanne kjødelige tanker, og derfor kunne de ikke forstå noe åndelig.

Formalister fra den tiden frodømte Jesus fordi han helbredet et sykt menneske på Sabbaten. Hvis du bare tenker fornuftig, kan du se at Jesus er en mann som kan bli anerkjent og elsket av Gud for Han fullførte makten som bare Gud kunne fullføre. Men de formalistene kunne ikke forstå Guds hjerte på grunn av de eldres tradisjoner og deres psykiske rammeverk. Jesus prøvde å få dem til å forstå deres galskaper og til at de kunne forstå seg selv.

Lukas 13:15-16 sier, *"Hyklere," svarte Herren, "sløser ikke hver eneste en av dere oksen eller eselet fra båsen også på Sabbaten og leier dem ut så de får drikke? Men her er en*

Abrahams datter som Satan har holdt bundet i hele atten år. Skulle ikke hun bli løst fra denne lenken på en Sabbat?"

I det Han sa dette, ble alle Hans motstandere fornedret; og hele flokken jublet over alle de vidunderlige tingene som Han gjør. De hadde egentlig en sjanse til å innse deres gale mentale rammeverk. Jesus prøvde å ødelegge menneskenes tanker for de ville bare åpne deres hjerte når deres tanker ble knust.

La oss ta en titt på Johannes' åpenbaring 3:20 som sier:

> *Se, jeg står for døren og banker. Om noen hører min røst og åpner døren, vil jeg gå inn til ham og holde måltid, jeg med ham og han med Meg.*

I dette verset vil 'døren' symbolisere porten til tankene, det vil si 'sjelen'. Herren banker på døren til våre tanker med det sannferdige Ordet. Hvis vi åpner døren til tankene våres på dette øyeblikket, nemlig hvis vi ødelegger sjelen vår og aksepterer Herrens Ord, da vil døren til vårt hjerte bli åpnet. Når Hans Ord havner i vårt hjerte, begynner vi å praksisere Guds Ord. Dette betyr at en 'spiser' sammen med Herren. Hvis vi bare godkjenner Hans Ord med et 'Amen', selv om Hans Ord ikke er i overensstemmelse med våre tanker eller teorier, kan vi bryte ned sjelens usanne virksomhet.

Akkurat som det ble forklart må vi først åpne døren til våre tanker og så døren til vårt hjerte, slik at evangeliet kan nå livets frø, som er omringet av menneskenes sjeler. Det er i likhet med en gjest som besøker et annet hus. For at gjesten som sitter utenfor huset kan møte verten, må han åpne hovedporten, gå inn i huset, og også åpne døren til verandaen for å kunne komme til stuen.

Det finnes mange måter en kan ødelegge sjelens virksomhet på, den som tilhører kjøttet. For å få menneskene til å åpne deres tanker og hjerte for å akseptere evangeliet, er det bedre å gi noen mennesker en logisk forklaring mens det er bedre å vise andre Guds makt eller gi dem gode allegorier eller sammenlignelser. For de som allerede har akseptert evangeliet, må vi også hele tiden bryte ned den usanne virkningen til sjelen for å kunne vokse i troen. Det finnes mange troende som ikke fortsetter å vokse i troen og ånden. Dette er fordi de ikke har en uavbrutt åndelig inspirasjon på grunn av deres sjels virksomhet som tilhører kjøttet.

Dannelsen av Hukommelser

For at vi kan ha ønskelige virksomheter i sjelen, trenger vi å vite hvordan kunnskapen som blir innsatt forblir der som hukommelser. Noen ganger vil vi absolutt se elelr høre noe, men senere vil vi knapt huske noe om det i det hele tatt. På den annen side, vil vi huske noe så klart og tydelig at vi vil ikke glemme det samme hvor lenge det går. Denne forskjellen skjer på grunn av metoden som ble brukt når en satte det inn i hukommelessystemet.

Den første metoden å sette noe inn i hukommelsen er å bare uoppmerksomt ta notis av det. Vi kan høre eller se noe, men vi legger ikke stor merke til det i det hele tatt. Anta at du drar tilbake til din hjemby med tog. Du ser åkerene med hvete og andre avlinger. Men hvis du er helt opptatt med andre tanker, kan du ikke virkelig huske hva du så mens du var på toget etter at du ankom din hjemby. Og hvis også studenter dagdrømmer i klassen, da kan de ikke huske hva de lærte i klassen.

For det andre finnes det en tilfeldig hukommelse. Når du ser åkrene med hvete utenfor vinduet, da kan du prate om det til dine foreldre. Du kan tenke på din far som er en bonde når du ser åkrene, og senere vil du knapt huske hva du så. Og i klassen vil studenten bare flyktig huske hva læreren sa. De kan huske det de hørte rett etter klassen, men de vil glemme det et par dager senere.

Det tredje er å plassere det inn i hukommelsen. Hvis du også er en bonde, da vil du legge merke til det du ser hvis du ser åkre med hvete og andre avlinger. Du vil forsiktig se på hvor godt åkrene har blitt tatt vare på, eller hvor drivhusene er byyget, og du vil anvende det i din egen dyrking. Du gjør deg oppmerksom på det og legger det godt til rette i din hjerne, slik at du kan huske detaljene selv etter at du har ankommet din hjemby. Anta også at læreren i klassen sier, "Vi skal ha en prøve rett etter denne klassen. Du kan få fem poeng trukket fra for hvert galt svar du gir." Da ville studentene sikkert prøve å konsentrere seg og bedre huske undervisningen i klassen. En slik hukommelse ville vanligvis vare lenger enn de tidligere.

Det fjerde er når du setter kunnskapen inn i både hjernen og hjertet. Forestill deg at du ser på en sørgelig film. Du har empati med skuespilleren og havner selv så dypt inn i fortellingen at du vil også gråte mye. I dette tilfelle ville fortellingen ikke bare bli plantet i din hukommelse, men også i ditt hjerte. Det blir nemlig plantet inn i hjertet og hukommelsen din hjerneceller med følelser. Tingene som blir satt sterkt inn i både hukommelsen og hjertet vil forbli der hvis ikke hjernecellene har blitt ødelagt. Og selv om hjernen er ødelagt, vil det som ligger i hjertet fremdeles være der.

Hvis et ungt barn så sin egen mor bli drept i en trafikkulykke, hvor sjokkert ville han ikke bli! I dette tilfelle ville scenen og de sørgelige følelsene bli satt inn i hjertet hans. Det blir plantet både i hans hukommelse og hans hjerte slik at det vil være vanskelig for ham å glemme det. Vi har sett på de fire hukommelses metodene. Hvis vi godt fortår dette, vil det hjelpe oss med å styre sjelens virksomhet.

Ting som du Gjerne Vil Glemme, men som Du Hele Tiden Blir Minnet Om

Noen ganger blir vi hele tiden minnet om ting som vi helst ikke vil huske på. Hva er grunnen til dette? Dette er fordi det har blitt plantet i både hjernen og hjerte sammen med følelser.

Hva hvis du hater noen? Hver gang du tenker på ham, vil du lide på grunn av hatet. I et slikt tilfelle må du først tenke på Guds Ord. Gud ber oss om å elske våre fiender, og Jesus ba om at de som korsfestet Ham skulle bli tilgitt. Typen hjerte som Gud gjerne vil ha er et godt et med kjærlighet, så vi må dra ut det usanne hjerte som de hadde fått ifra fiende djevelen og Satan.

I de fleste tilfeller hvis vi tar i betraktning den fundamentale årsaken, vil vi innse at vi hater andre over ubetydelige ting. Vi kan innse hva vi ikke adlyder ifølge Guds Ord hvis vi tenker på oss selv gjennom 1. Korinterne 13. kapittel som sier at vi må søke etter andres gagn, være godlynte og være forståelige overfor andre. Når vi innser at vi ikke handler rettferdig, kan hatet i hjertet vårt gradvis smelte bort. Hvis vi føler og setter inn godhet i første omgang, da må vi ikke lide av onde tanker. Selv om andre gjør noe som du ikke liker, ville du ikke hate dem så lenge du setter i gode tanker som, "De må ha en grunn."

Vi Må Vite Hva Som Har Blitt Satt Inn sammen med Usannheten

Hva må vi så gjøre med den usannheten som vi allerede har satt inn sammen med de usanne følelsenes?

Hvis noe blir plantet dypt inne i ditt hjerte, da vil du bli minnet på det selv om du ikke bevisst prøver å tenke på det. I dette tilfelle burde vi endre følelsene som er forbundet med denne tingen. Istedenfor å prøve å ikke tenke på det, burde du bare endre dine tanker. Du kan for eksempel endre på hvordan du tenker på noen som du hater. Du kan begynne å tenke på det fra hans synspunkt og forstå hvorfor han handlet på den måten han handlet i hans stilling.

Du kan også tenke på hans gode ting og be for ham også. Når du prøver å prate med ham med varme og trøstende ord, gi ham noen små gaver, og vis ham kjærlighet, og den hatende følelsen vil endre seg til kjærlighet. Da vil du ikke lide mere når du tenker på ham.

Før jeg aksepterte Herren og da jeg lå i sykesengen i sju år, hatet jeg mange mennesker. Jeg viste ikke om noen helbredelse og mistet alt håp om livet. Det var bare gjelden som økte og familien ble nesten ødelagt. Min kone måtte forsørge oss og mine slektninger tok ikke imot min familie fordi vi bare var en byrde for dem.

Det gode båndet mellom mine brødre ble også brutt. På den tiden tenkte jeg bare på min vanskelige situasjon, og jeg avskydde dem fordi de forlot meg. Jeg var misfornøyd med min kone fordi hun ofte pakket sakene sine og dro, og hennes familiemedlemmer som såret meg med sine harde ord. Når enn jeg så dem kikke på meg med forakt i deres øyne, mitt hat og bitterhet ble bare større. Men en dag ble all bitterheten og hatet borte.

Når jeg aksepterte Herren og hørte på Guds Ord, ble jeg klar over mine feil. Gud ber oss om å elske våre fiender og ga Hans eneste Sønn som et offrende offer for oss. Men hva slags person var jeg som kunne holde på bitterhet og misunnelse! Jeg begynte å tenke fra deres synspunkt. Hva hvis jeg hadde hatt en søster som hadde møtt en udugelig mann? Hun måtte arbeide veldig hardt for å tjene nok til livsopphold. Hva ville så jeg ha tenkt om denne situasjonen? Når jeg begynte å tenke fra dette synspunktet, kunne jeg forstå dem, og jeg innså at all klandringen var på grunn av meg.

Da jeg endret min tankegang, ble jeg heller takknemlig overfor min kones familiemedlemmer. Noen ganger hadde de gitt oss ris eller andre nødvendigheter, og jeg var veldig takknemlig for dette. Og gjennom disse vanskelige tidene, begynte jeg å akseptere Herren og bli kjent med Himmelen, så jeg var også takknemlig for dette. Da jeg forandret mitt sinn, var jeg takknemlig for at jeg hadde vært syk og for at jeg hadde møtt min kone. Alt mitt hat ble gjort til kjærlighet.

Virksomheten av Sjelen som Tilhørte Usannheten

Hvis du har virksomheten av sjelen som tilhører usannheten, kan du ikke bare skade deg selv, men også andre mennesker rundt deg. Så la oss nå se på de vanlige tilfellene ved sjelens virksomhet som tilhører usannheten og som vi lett kan finne i våre daglige liv.

Først er det å misforstå andre og å ikke kunne forstå eller akseptere andre.

Mennesker utvikler forskjellige smaker, verdier, og forestillinger om hva som er riktig. Noen mennesker skinnende, unike mønster for deres klær mens andre liker simple og rene mønster. Til og med når det kommer til filmer vil det være noen som finner dem interesante mens andre syntes at de er kjedelige.

På grunn av disse forskjellene, har vi begynt å få ukomfortable følelser angående andre som er forskjellige fra oss uten at vi selv er klar over det. En person har et utadvent og åpen personlighet, og han vil snakke direkte om ting han ikke liker. En annen person vil ikke gi uttrykk for hans følelser, og han vil bruke lang tid på å bestemme seg for noe fordi han tenker på alle mulighetene i store detaljer. På den ene side, vil den siste virke treg og ikke kvikk nok for den første. På den annen side, vil den siste se på den første som ubetenksom og litt aggressiv og han vil gjerne unngå ham.

Akkurat som i allegorien, er dette en virksomhet av sjelen som tilhører usannheten hvis du ikke kan forstå eller akseptere andre. Hvis vi bare liker det som vi selv liker, og hvis vi bare tror at vårt eget synspunkt er riktig, da kan vi ikke virkelig forstå eller akseptere andre.

Det andre er å dømme.

Å dømme er å ha en konklusjon angående en person eller en ting basert på våre egne tenkers rammeverk eller følelser.

I noen land er det uhøflig å blåse nesen mens du sitter ved middagsbordet. I andre land er dette helt i orden. I noen land vil de se det som uhøflig å kaste vekk mat mens i andre land er dette akseptabelt og til og med et tegn på høflighet å la noe mat være igjen på asjetten.

En person som ser en annen spise med hans hender spør ham om det ikke er uhygienisk å spise med hendene. Da sa han, "Jeg vasker hendene mine, så jeg vet at det er hygienisk. Men jeg vet ikke hvor ren denne gaffelen er. Min hånd er derfor renene." Ifølge hva slags omgivelser vi har blitt oppdratt i og hva slags ting vi har lært, vil følelsene og tankene bli forskjellige til og med i den samme situasjonen. Vi må derofr ikke dømme mellom rett og galt med menneskets standard, som ikke er sannheten.

Noen dømmer og tror ikke at andre vil gjøre den samme tingen de gjør. De som forteller løgner tenker at andre vil gjøre det samme. De som liker å sladre tenker også at andre vil gjøre det samme.

Forestill deg at du ser en mann og en kvinne som du godt kjenner, stå utenfor at hotell. Da vil du kanskje dømme og tenke, "De har måttet være sammen i hotellet. Jeg trodde at de så på hverandre på en spesiell måte."

Men du kan ikke vite om mannen og kvinnen hadde en samtale i hotellets kafé eller om de kanskje helt tilfeldig møtte hevrandre på gaten. Hvis du dømmer og fordømmer dem og sprer slike ting til andre, da vil disse menneskene kanskje lide stor urettferdighet, skade eller et tap på grunn av de falske ryktene.

Irrelevante svar kommer også fra dømming. Hvis du spør en person som ofte kommer sent på arbeidet, "Når kom du i dag?" da vil han kanskje svare, "Jeg kom ikke sent i dag." Du spurte ham bare om når han kom, men han tok det som om han troode at du dømte ham og svarte med et helt ubetydelig svar.

1. Korinterne 4:5 sier, *"Døm derfor ikke før tiden, før Herren kommer. Han skal få fram i lyset det som er skjult i mørket, og avsløre hjertets tanker. Da skal Gud gi enhver den ros han har fortjent."*

Det finnes så mange dommer og fordømmelser her i verden, ikke bare på individuelle nivåer men også på familie, samfunns, politisk, og til og med landsnivåer. Slik ondskap vil bare forårsake stridighet og bringe ulykkelighet. Mennesker lever med vidstrakte dommer, men de innser det ikke engang selv. Noen ganger vil selvfølgelig deres dommer være riktig, men i de fleste tilfeller er de ikke riktige. Selv om de er riktige, er det å dømme en ondskap og Gud forbyr det, så vi må derfor ikke dømme.

Det tredje er fordømmelse.

Mennesker vil ikke bare dømme andre med deres egne tanker, men de vil også fordømme dem. Noen mennesker lider fra intens psykiske smerter på grunn av fiendtlige bemerkninger om dem på nettet. Å dømme og fordømme vil ofte skje i vårt daglige liv. Hvis en person bare går forbi deg uten å si hei til deg, vil du kanskje fordømme ham ved å se på ham som skyldig fordi han ignorerte deg med hensikt. Kanksje det var på grunn av at han ikke kunne gjenkjenne deg eller kanskje han var opptatt med andre tanker, men du vil bare fortsette med å fordømme ham gjennom dine egne følelser.

Det er derfor Jakob 4:11-12 advarer oss:

> *Ikke baktal hverandre, mine søsken. Den som baktaler en bror eller dømmer en bror, baktaler loven og dømmer loven. Men dersom du dømmer loven, da gjør du ikke hva den sier, men setter deg til doms over den. Det er en som er lovgiver og dommer, han som har makt både til å frelse og til å ødelegge. Men hvem er du som dømmer din neste?*

Å dømme eller fordømme andre er selvgodheten om å gjøre som Gud. Slike mennesker har allerede fordømt seg selv. Det er til og med et mer seriøst problem å dømme eller fordømme åndelige ting. Noen mennesker dømmer og fordømmer Guds mektige arbeider eller Guds forsyn innenfor deres psykiske rammeverk og kunnskap.

Hvis noen sier, "Jeg har blitt helbredet av en uhelbredelig sykdom gjennom bønner!" da vil de som er godhjertede tro på dette. Men andre vil dømme det som ble sagt og tenke, "Hvordan kan en sykdom bli helbredet bare ved å be? Den har mått vært feildiagnostisert eller kanskje han bare tror at han har blitt bedre." Andre vil til og med fordømme ham og si at han lyver. De dømmer og fordømmer selv Bibelens skrifter angående delingen av Røde Havet, solen og månen som stod stille, og det sure vannet som ble forandret til søtt vann, og vil bare si at de er myter.

Noen mennesker sier at de tror på Gud men vil fremdeles dømme og fordømme den Hellige Ånds arbeide. Hvis en person sier at hans åndelige øyne har blitt åpnet slik at han kan se det åndelige riket, eller at han kommunikerer med Gud, sier de ubekymret at han tar feil og at dette er mystikk. Slike arbeid blir absolutt skrevet ned i Bibelen, men de fordømmer disse tingene innenfor deres personlige troende rammeverk.

Det var mange mennesker som dette på Jesus tid. Når Jesus helbredet de syke på Sabbaten, burde de ha fokusert på det fakta at Guds makt ble åpenbart gjennom Jesus. Hvis dette ikke var i henhold til Guds vilje, kunne slikt arbeide ikke ha funnet sted gjennom Jesus i første omgang. Men fariseerne dømte og fordømte Jesus, Guds Sønn, innenfor deres eget begrep og psykiske rammeverk. Hvis du dømmer og fordømmer Guds arbeide, selv om dette er fordi du ikke godt kjenner til sannheten, er dette fremdeles en alvorlig synd. Du må være veldig forsiktig fordi du ville ikke ha noen sjanse til å angre hvis du står opp imot, sier imot, eller spotter den Hellige Ånd.

Den fjerde virksomheten av sjelen i usannheten er å gi et dårlig eller feilaktig budskap.

Når vi forkynner et budskap, har vi en tendens til å sette inn våre egne følelser og tanker og budskapet blir derfor forvridd. Selv om vi gir det nøyaktige samme budskapet, kan den opprinnelige meningen bli forandret ifølge ansiktsutrykkene og tonefallet. Til og med når vi ringer til noen og bruker det samme ordet "hei!" vil det ha en helt forskjellig mening hvis vi bruker en vennlig og mild stemme, eller når vi ringer ham med en grov og sint stemme. Det vil si at hvis vi ikke kan gi de helt nøyaktige samme ordene, men endre dem til våre egne ord, da vil den opprinnelige meningen ofte bli forvridd.

Vi kan også finne disse eksemplene i våre daglige liv som for eksempel å overdrive eller forkortelse av det som ble sagt. Noen ganger blir innholdet fullstendig forandret på. "Er ikke det sant?" blir til "Det er sant, er det ikke?" og "Vi planlegger å..." eller "Vi vil kanskje..." blir til "Det ser ut som om vi vil..."

Men hvis vi har sanne hjerter, vil vi ikke forvri faktaet med våre egne måter å tenke på. Vi vil kunne forkynne budskapene med mer nøyaktighet til vi i den grad blir kvitt de onde hjertene og egenskapene som det å søke etter vårt eget gagn, å ikke prøve å være nøyaktig, å være hurti til å dømme, og det å prate dårlig om andre. Begynne med Johannes 21:18 kan vi lese Herren Jesus Ord om martyrdøden til Peter. Det står, *"Sannelig, sannelig, jeg sier deg: Da du var ung, bandt du beltet om deg og gikk dit du selv ville. Men når du blir gammel, skal du strekke ut hendene dine, og en annen skal binde beltet om deg og føre deg dit du ikke vil."*

Da ble Peter nysgjerrig på Johannes og stilte ham et spørsmål.

"Herre, hva med denne mannen?" (v. 21) Da svarte Jesus, *"Hvis jeg vil at han skal bli der til jeg kommer, hva har det med deg å gjøre? Du følger Meg!"* (v. 22) Hvordan tror du dett budskapet ble ført videre til andre disipler? Bibelen sier at de sa at disippelen ikke ville dø. Jesus mente at Peter ikke noe med Johannes å gjøre selv om Johannes skulle leve til Herren kom tilbake. Men disipplene ga et helt annet feilaktig budskap ved å sette inn deres egne tanker.

Den femte er de negative følelsene eller de harde følelsene

Siden vi har kjødelige, dårlige følelser som det å bli skuffet, ha vår stolthet såret, være sjalu, bli sint, og ha fiendtlighet, har vi usanne sjelelige virksomheter fra dem. Våre reaksoner vil være forskjellige ifølge våre egne følelser, selv om vi hører på det samme ordet.

Forestill deg at en sjef i et firma sier til hans ansatte, "Kan dere ikke arbeide bedre?" og peker ut en feiltakelse. I en slik situasjon ville noen mennesker motta det med ydmykhet og smile og si, "Ja, jeg vil prøve å gjøre det bedre neste gang." Men de som hadde klaget på sjefen vil kanskje ha dårlige følelser eller bitterhet angående bemerkningen. De vil kanskje tenke som så, 'Er det nødvendig for ham å si det på en slik måte?' eller 'Hva med ham selv? Han gjør ikke engang hans eget arbeide riktig.'

Eller kanskje din sjef råder deg og sier, "Jeg tror det vil være bedre hvis du retter på denne delen på denne måten." Da er det noen av dere som simpelthen bare vil akseptere det og si, "Det er også en god ide. Takk for rådet," og så overveie dette rådet. Men noen mennesker i en slik situasjon vil føle seg ukomfortabel og deres stolthet vil bli såret. På grunn av disse dårlige følelsene, vil de noen ganger klage og tenke, 'Jeg gjorde mitt beste for å gjøre et godt arbeide, så hvordan kan han si noe slikt så lett? Hvis han er flinkere, hvorfor gjør han det ikke selv?'

I Bibelen leser vi om at Jesus irettsetter Peter (Matteus 16:23). Når tiden kom for Jesus å ta korset, lot Han disipplene vite hva som ville skje. Peter ville ikke at hans herre skulle lide så mye og han sa, *"Gud fri deg, Herre! Dette må ikke hende Deg"* (v. 22).

Jesus prøvde ikke da å trøste ham ved å si, "Jeg vet hvor ille du føler deg. Jeg er takknemlig for det. Men jeg må gå." Men istedenfor irettesatte Han ham og sa, *"Vik bak Meg, Satan! Du vil føre Meg til fall. Du har ikke tanke for det som Gud vil, bare for det som mennesker vil"* (v. 23).

Siden veien med frelse bare kunne bli åpnet for synderne når Jesus tok lidelsene på korset, var det å stoppe dette det samme som å stoppe Guds forsyn. Men Peter hadde ingen dårlige følelser elelr klager imot Jesus fordi han trodde at alt det som Jesus sa hadde en viss mening. Med et slikt godt hjerte, ble Peter senere en apostel som utførte Guds utrolige makt.

Men hva skjedde på den annen side med Judas Iskariot? I Matteus 26, tømte Maria fra Bethany et glass med veldig dyr parfyme på Jesus. Judas syntes at dette var sløseri. Han sa, *"Denne parfymen kunne ha blitt solgt for mye penger som kunne ha blitt gitt til de fattige"* (v. 9). Men han ville egentlig stjele pengene.

Her priste Jesus hva Maria hadde gjort i Guds forsyn som ble forberedt for Ham for Hans gravleggelse. Men Judas hadde fremdeles dårlige følelser og klaget til Jesus fordi Jesus ikke ville anerkjenne hans ord. Til slutt begikk han en veldig stor synd ved å planlegge å bedra Jesus og svikte Ham.

Mange mennesker har i dag sjelens virksomhet som ligger utenfor sannheten. Men vi vil ikke ha noen innvirkning på sjelen så lenge vi ikke føler noe om det selv om vi gjør noe. Når vi ser noe, må vi bare stoppe på det nivået hvor vi kan se ting. Vi må ikke bruke våre tanker for å dømme og fordømme, som i seg selv er syndig. For å holde oss selv med sannheten, er det bedre å verken se eller høre noe som ikke er sant. Men selv om vi kommer i kontakt med løgner, kan vi fremdeles holde oss selv gode hvis vi tenker og føler gjennom godheten.

3. Mørke

Satan har den samme makten i mørket som Lusifer har og hisser opp mennesker til å motta onde tanker og onde hjerter og til å gjøre onde ting.

Det er faktisk den onde ånden som får oss til at sjelens virksomheter tilhører usannheten. De onde åndene i verden fikk tillatelse av Gud til å eksistere for å fullføre forsynet av menneskenes kultivasjon. De har myndigheten over luften mens menneskenes kultivasjon foregår. Efeserne 2:2 sier, ”*... dere levde i dem på den nåværende verdens vis og lot dere lede av herskeren i jimmelrommet, den ånd som nå er virksom i de ulydige.*”

Gud tillot dem å styre mørkets strøm helt til Gud setter en ende til menneskenes kultivasjon.

Disse onde åndene som tilhører mørket vil bedra mennesker slik at de vil synde og stille seg opp imot Gud. De har også en streng orden. Lusifer, som er overhode, styrer mørket, gir ordre og styrer de underordnede onde åndene. Det finnes mange andre skapninger som hjelper Lusifer. Dette er drager som har praktisk makt og englene deres (Ref: Apostlenes avsløring 12:7). Dette inkluderer også Satan, djevelen og demoner.

Lusifer, Overhodet til Verdens Mørke

Lusifer var en erkeengel som lovpriste Gud med en vakker

stemme og musikk instrumenter. Når hun nøt høy stilling og myndighet og var elsket av Gud i lang, lang tid, ble hun til slutt arrogant og bedro Gud. Fra da av, ble hennes vakre utseende grufult. Esias 14:12 sier, *"Å, at du er falt fra himmelen, du morgenstjerne, morgenrødens sønn! At du er slengt til jorden, du som seiret over folkeslag!"*

Uten at folk innser det vil mennesker i dag ligne veldig på Lusifers utseende når det kommer til hårfasonger og sminke. Gjennom utviklingslinjen og moten her i verden, vil Lusifer styre sinnene og tankene til menneskene akkurat som hun vil. Lusifer legger spesielt inn god innflytelse i musikken her i verden.

Hun vil også provosere mnnesker til å synde og gjøre ulovlige ting gjennom de moderne hjelpemiddelene inkludert datamaskiner. Hun narrer onde herskere til å stille seg opp imot Gud. Noen land vil offisielt forfølge kristendommen. Alt dette blir gjort under motivasjon og oppfordring fra Lusifer.

Det vil si at Lusifer frister mennesker med forskjellige former for spådom og magiske ting, og lurer sjamaner eller tryllekunstnere til å tilbe henne. Hun prøver sitt beste om å lede bare en sjel mer til Helvete og vil få mennesker til å stå opp imot Gud.

Drager og Deres Engler

Drager handler som de onde åndenes ledere som er Lusifers underordnede. Mennesker tror at dragen er et fantasidyr. Men drager eksisterer her i verden gjennom onde ånder. Det er bare at de er usynlige fordi de er åndelige skapninger. Akkurat som i de mest vanlige beskrivelsene av drager, har de horn som rådyr, øyne som demoner, og ører som er lik kuer. De har skjell på huden og fire bein. De ligner kjempestore reptiler.

Drager hadde ved begynnelsen av skapelsen lange, vakre, og utrolig vakre fjærer. De holdt seg rundt Guds trone. De var elsket av Gud som husdyr og holdt seg i nærheten av Gud. De hadde stor makt og myndighet og hadde mangfoldige basunengler under seg. Men når de bedro Gud sammen med Lusifer, ble også englenederes korrupte og stilte seg også opp imot Gud. Disse englene fra dragene har også forferdelige utseender som dyr. De styrer luften sammen med dragene og førte menneskene mot synder og ondskap.

Lusifer sitter selvfølgelig på toppen av verden når det kommer til onde ånder, men på en praktisk måte, ga hun myndigheten til dragene og engelene deres slik at de kunne slåss mot de åndelige skapningene som tilhører Gud og for så å styre over luften. Fra lang tid tilbake har dragene fristet mennesker til å lage eller formere dragenes likhet og mønster for så å kunne tillate mennesker å tilbe dem. Det er i dag noen religioner som åpenlyst forguder og tilber drager, og disse menneskene blir styrt av dragene.

Johannes' åpenbaring 12:7-9 prater om dragene og engelene deres slik:

Da brøt det ut en krig i himmelen: Mikael og englene

hans gikk til krig mot dragen. Dragen kjempet sammen med englene sine, men de ble overvunnet, og det fantes ikke lenger plass for dem i himmelen. Den store dragen ble kastet ned, den gamle slangen, han som kalles djevelen og Satan og som forfører hele verden. Han ble kastet ned på jorden, og englene hans ble kastet ned sammen med ham.

Dragene hisset opp onde mennesker gjennom englene deres. Slike onde mennesker vil ikke holde seg tilbake til og med når de begår slike forferdelige forbrytelser som mord og menneskehandlere. Dragenes engler har dyreformer som ble omtalt om i den Tredje Moseboken og som Gud syntes var avskyelige. Ondskapen vil bli avslørt på forskjellige måter avhengig av hva slags dyr det er, for hvert dyr har forskjellige egenskaper som ondskap, listighet, skiddenhet, eller sammensetning.

Lusifer arbeider gjennom dragene, og englene til dragene arbeider ifølge de ordrene som de har fått ifra dragene. I sammenligning med et land, er Lusifer akkurat som kongen, og dragene er som statsministere eller hærfører til de hærene som praksiserer administrasjonsstyre overfor prester og soldater. Når dragene gjør sine ting, får de ikke direkte ordre ifra Lusifer hver eneste gang. Lusifer har allerede satt hennes tanker og sinn inn i dragene, så når dragene gjør noe er det automatisk i henhold til Lusifers ønske.

Satan Har Hjerte og Makten til Lusifer

De onde åndene kan ha innflytelse på menneskene til

den grad hvor hjertene deres har blitt flekket med mørket, men demonene eller djevlene ikke vil provokere menneskene fra begynnelsen av. Først er det Satan som arbeider seg på menneskene, og djevelen er den neste, og til slutt vil demonene gjøre det. For å si det på en simplere måte, er Satan Lusifers hjerte. Den har ikke en legemlig form ennå, den bare arbeider gjennom menneskenes tanker. Satan har mørkets makt som også Lusifer har, og den gjør at menensker har onde tanker og et sinn til å begå onde gjerninger.

Siden Satan er et åndelig vesen (Job 1:6-7), vil den arbeide på forskjellige måter ifølge de forskjellige karakteristiskene til mørket som en person har inne i seg. Til de som lyver, vil det gå med et lur ånd (1. Kongeboken 22:21-23). Til de som liker å skape uenigheter ved å sette en side opp imot en annen, vi dette fungere med en slik ånd (1. Johannes 4:6). Til de som liker skitne arbeider ifra kjøttet, vil dette virke med en uren ånd (Johannes åpenbarelse 18:2).

Akkurat som det ble forklart har Lusifer, dragene, og Satan forskjellige roller og forskjellige former, men de har et sinn og en tanke og en makt som de kan praksisere ondskap med. La oss nå se på hvordan Satan arbeider med mennesker.

Satan er akkurat som en radiobølge som sprer seg ut i luften. Det sprer hele tiden dens sinn og makt i luften. Og akkurat som en radiobølge som kan bli mottatt fra en antenne som har blitt stilt inn for å motta det, kan også sinnet, tankene og makten fra mørket til Satan bli motatt av de som allerede har akseptert dem.

Antennaen er her allerede usannheten og mørket som ligger inne i menneskenes hjerter.

For eksempel hatets egenskap i hjertet kan fungere som en antenne for å akeptere radiobølgen med hat som blir spredd ut i luften av Satan. Satan setter makten av mørket inn i menneskene gjennom menneskenes tanker så fort mørket fra radiobølgene som Satan skapte og usannhetene i hjertet til menneskene har den samme frekvensen og vil møte hverandre. Gjennom dette vil usannheten i hjertet bli sterkere og det vil bli aktivt. Det er slik vi sier at en 'mottar verk ifra Satan', eller at han hører stemmen til Satan.

I det de hører stemmen til Satan på denne måten, vil de synde i tankene, og de vil også gjøre syndige ting. Når slike onde egenskaper som hat eller misunnelse får verk ifra Satan, vil de prøve å skade andre. Når dette utvikler seg videre, kan de til og med begå synder som mord.

Satan Arbeider gjennom Tankegangen

Mennesker har et hjerte med sannhet og usannhet. Når vi aksepterer Jesus Kristus og blir Guds barn, da vil den Hellige Ånd komme inn til vårt hjerte og råre ved vårt sanne hjerte. Dette betyr at vi hører stemmen til den Hellige Ånd fra vårt hjerte. I motsetning arbeider Satan fra utsiden, og trenger derfor en passasje for å kunne trenge inn i menneskenes hjerter. Denne passasjen er menneskenes tanker.

Mennesker aksepterer det de ser, hører, og lærer sammen

med følelser og oppbevarer dem i sinnet og i hjertet. I den rette situasjonen eller omstendigheten vil disse hukommelsene bli gjenopprettet. Dette er 'tanker'. Tankene er forskjellig ifølge hva slags følelser du hadde når du oppbevarte noe i din hukommelse. Selv i den samme situasjonen, er det noen mennesker som oppbevarer det bare i samsvar med sannheten, og de har sanne tanker, mens de som oppbevarer det i usannheten vil ha usanne tanker.

De fleste mennesker vil ikke bli lært sannheten som er Guds Ord. Det er derfor de har så mye mer usannhet enn sannhet i hjertene deres. Satan motiverer og egger slike mennesker til å få slike usanne tanker. Disse blir kjent som de 'kjødelige tankene'. Når mennesker mottar Satans arbeider, kan de ikke adlyde Guds lov. De blir underkuet gjennom synd og vil til slutt nå døden (Romerne 6:16, 8:6-7).

På Hvilken Måte Får Satan Kontrol over Menneskenes Hjerter?

Satan vil generelt sagt arbeide fra uyttersiden gjennom passasjen til menneskenes tanker, men det finnes unntagelser. Bibelen sier for eksempel at Satan endte opp inne i Judas Iskariot, en av de tolv disiplene til Herren Jesus. At Satan 'endte opp inne i ham' betyr at han hele tiden aksepterte Satans arbeid, og til slutt ga hele hans hjerte til Satan. På denne måten ble han fullstendig fanget av Satan.

Judas Iskariot erfarte utrolig makt ifra Gud og mens han fulgte Jesus, ble han lært gjennom godhet, men siden han ikke kastet bort hans grådighet, stjal han Guds penger fra pengeboksen (Johannes 12:6).

Han var også grådig når han søkte etter den store æren og makten når Messias, Jesus, ville ta med seg tronen hit til jorden. Men virkeligheten var forskjellig fra det vi hadde forventet oss, så en etter en lot han Satan ta hans tanker. Til slutt ble hele hans hjerte fanget av Satan, og han solgte Hans Herre for tredve sølvmynter. Vi sier at Satan har gått inn i noen når Satan har full kontroll over en persons hjerte.

I Apostlenes gjerninger 5:3 sa Peter at Ananias og Saffira's hjerter ble fylt med Satan og de gjemte en del av pengene som de hadde fått når de solgte landet deres og løy til den Hellige Ånden.

Peter sa dette fordi det hadde vært mange liknende omstendigheter tidligere. Uttrykket 'Satan gikk inn' eller 'fyllt med Satan' betyr at disse menneskene har selve Satan i deres hjerte, og de blir selv Satan. Med åndelige øyne, likner Satan en mørk tåke. Mørkets energi, som er akkurat som mørk røyk, holder seg i stor utstrekning rundt mennesker som mottar Satans arbeid. For å kunne unnvære Satans arbeide, må vi først bli kvitt alle de usanne tankene. Vi må også bli kvitt det usanne hjertet. Dette vil i bunn og grunn bety at vi må fjerne antennen som tar opp Satans 'radiobølger'.

Djevelen og Demonene

Djevelen er en av englene som ble bedervet sammen med

Lusifer. Djevelen får mennesker til å synde og gir dem forskjellige tester og prøvelser. Men dette betyr ikke at djevelen går inne i menneskene for å gjøre det. Gjennom Satans ledelse vil djevelen styre mennesker som har gitt hjertet deres til mørket og få dem til å gjøre ond eting som ikke er akseptable. Men noen ganger vil djevelen styre visse mennesker direkte som deres egne redskaper. De som har solgt ånden deres til djevelen, som for eksempel spåkoner eller tryllekunstnere blir styrt av djevelen slik at de kan være djevelens instrumenter. De får også andre mennesker til å gjøre djevelens arbeide. Bibelen sier derfor at de som synder tilhører djevelen (Johannes 8:44; 1. Johannes 3:8).

Johannes 6:70 sier, *"Jesus svarte dem, 'Valgte jeg ikke selv deg, de tolv, og fremdeles er det en av dere som er djevelen?'"* Jesus pratet om Judas Iskariot som solgte Jesus. En slik person som har blitt en slave av synden og som ikke har noe med frelse å gjøre er en sønn av djevelen. I det Satan dro inn til Judas og styrte hans hjerte, begikk han djevelens gjerninger, som var å selge Jesus. Djevelen er akkurat som en middelklasses leder som mottar instrukser om Satan, og mens de styrer mange demoner vil den gi sykdommer og smerter til mange mennesker og føre dem ned til mer og mer ondskap.

Satan, djevelen og demonene har et hierarki. De sammarbeidet veldig godt. Først vil Satan arbeide på de usanne tankene til menneskene for så å åpne veien til djevelen. Deretter begynner djevelen å arbeide med mennesker for å få dem til å gi dem kjødelige og andre verk ifra djevelen. Det er Satan som arbeider gjennom tankene, og det er djevelens arbeid som får menneskene til å sette disse tankene inn til virksomhet. Når også de onde gjerningene går over en viss grense, da vil demonene snart trenge seg inn i slike mennesker. Så fort demonene havner inne i menneskene da vil de tape deres frie vilje og de vil bli som demonenes nikkedukker.

Bibelen antyder at demonene er onde djevler, men at de er forskjellige fra de falne englene eller Lusifer (Salmenes bok 106:28; Esias 8:19; Apostlenes gjerninger 16:16-19; 1. Korinterne 10:20). Demoner hadde før vært mennesker som hadde ånden, sjelen og kroppen. Noen av menneskene som bodde her på jorden og som døde uten frelse kom igjen ut til denne verden under visse, spesielle forhold, og dette er demonene. De fleste menensker har ikke et klart begrep om verden og dens onde ånder. Men de onde åndene vil prøve å ta selv en person til mot veien til ødeleggelsen helt til den siste dagen som har blitt satt av Gud.

Av denne grunnen sier 1. Peter 5:8, *"Vær edru og våk! Deres motstander, djevelen, går omkring som en brølende løve for å finne noe å sluke."* Og Efeserne 6:12 sier, *"For vår kamp er ikke mot kjøtt og blod, men mot makter og åndskrefter, mot verdens herskere, i dette mørket, mot ondskapens åndehær i himmelrommet."*

Vi må holde oss vaktsomme og ha hele tiden en edru ånd, for vi kan ikke hjelpe for at vi faller inn til døden hvis vi lever som mørkets makt ville lede oss.

2. Kapittel

Ego

Selvgodhet blir dannet når vi blir opplært med usannheten i verden som sannheten.
I det selvgodheten blir dannet vil et psykisk rammeverk bli skapt.
Det psykiske rammeverket som har blitt dannet
er den systematiske størkningen av ens selvgodhet.

Det tok tid før jeg aksepterte Herren. Jeg kjempet imot min sykdom hver eneste dag og den eneste fornøyelsen jeg hadde var å lese kunstartige noveller. Fortellingene handler vanligvis om å hevne seg.

Den mest typiske handlingen er: når han var et barn, ble hans heroiske foreldre drept av en fiende. Han unngår knapt massakren av tjeneren i huset. Han møter en som er mester i kampsporter når han blir eldre. Han har nå selv blitt en mester i kampsporter og hevner seg på hans fiende fordi de drepte hans foreldre. Disse novellene sier at det er rettferdig og heroisk å hevne seg selv om en risikerer ens eget liv. Men i Bibelen er opplæringen fra Jesus veldig annerledes fra en slik verdslig opplæring.

Jesus forteller i Matteus 5:43-45, *"Dere har hørt det er sagt. 'Du skal elske din neste og hate din fiende.' Men Jeg sier dere: Elsk deres fiender, velsign dem som forbanner dere, gjør godt mot dem som hater dere, og be for dem som krenker dere og forfølger dere. Slik kan dere være barn av deres Far i himmelen. For Han lar sin sol gå opp over onde og gode og lar det regne over rettferdige og urettferdige."*

Livet som jeg levde hadde vært godt og ærlig. De fleste mennesker ville ha sagt at jeg var et slags menneske som 'ikke trang loven'. Men etter at jeg aksepterte Herren og tenkte på meg selv gjennom Guds Ord som ble forkynnet i oppvekkelsesmøtet, innså jeg at det var mange gale ting i mitt liv. Jeg skammet meg så mye fordi jeg ble klar over det språket som jeg brukte, min oppførsel, mine tanker, og til og med min samvittighet var gal. Jeg angret iherdig overfor Gud når jeg innså at jeg hadde levet et liv som ikke hadde vært rettferdig i det hele tatt.

Siden da kjempet jeg med å finne min selvgodhet og mitt personlige psykiske rammeverk for så å ødelegge det. Jeg nektet mitt 'ego' som jeg før hadde laget og jeg anså det som ingenting. Ved å lese Bibelen fikk jeg mitt 'ego' tilbake igjen ifølge sannheten. Jeg fastet og ba uten stopp for å kaste bort usannheten i mitt hjerte. På grunn av dette kunne jeg føle at min ondskap ble kastet vekk og jeg begynte å høre stemmen og motta ledelsen fra den Hellige Ånd.

Til Ens 'Ego' blir Dannet

Hvordan danner menneskene hjertene deres og etablerer deres verdier? Først kommer forholdene som en arver. Barn vil ligne deres foreldre. De arver deres utseende, vaner, personligheter, og andre genetiske egenskaper fra foreldrene deres. I Korea sier de at vi mottar 'blodet fra våres foreldre'. Men det er virkelig ikke blodet, men livsenergien eller 'chi'. 'Chi' er krystalldannelsen av all energien som kommer fra hele kroppen. Jeg kjenner en familie som har en sønn med et stort fødselsmerke over hans lepper. Han mor hadde før hatt et slikt fødselsmerke på det samme stedet, men hun fikk det fjernet i kirurgi. Men selv om hun fikk det fjernet, ble fødslesmerket fremdeles gitt til sønnen hennes.

Sædcellen og eggene fra menenskene inneholder livets energi. De inneholder ikke bare det utvendige fysiske utseende, men de inneholder også personlighetene, sinne, intelligensen, og vanene. Hvis farens chi er sterkere når barnet blir befruktet, da vil barnet ligne mer på faren. Hvis morens chi er sterkere, da vil de ligne mer på moren. Dette får hvert barns hjerte til å se annerledes ut.

Ettersom en person også vokser og blir eldre vil en lære mange ting, og de vil også bli en del av plassen i hjertet deres. Ved fem års alderen vil mennesker begynne å danne deres 'ego' gjennom tingene som en kan se, høre og lære. Rundt tolv års alderen vil en danne verdien av den dømmende standarden. Når en har blitt rundt atten år gammel, vil ens 'ego' bli hardere. Men problemet er at vi synes mange ting er gale som om de egentlig er sanne, og vil også huske på dem som sanne.

Det finnes mange usanne ting som vi kan lære om her i verden. I skolen vil vi selvfølgelig lære mange ting som en kan bruke og som er nødvendige for livene våres, men det finnes også ting som vi blir lært som ikke er sanne, som for eksempel den darwinistiske evolusjonen. Når foreldrene lærer barna deres om ting, vil de også fortelle dem om usanne ting som om de ville være sanne. Forestill deg at et barn var utenfor og ble slått av et annet barn eller flere barn. I frustrasjon vil foreldrene si noe som, "Du spiser tre ganger om dagen akkurat som de andre barna og burde derfor være sterk, så hvorfor blir du så julet opp? Hvis de slår deg en gang, slå dem to ganger tilbake! Har du ikke hender og føtter som alle de andre barna? Du må lære deg å ta vare på deg selv?"

Barna blir behandlet på en fornedrende måte hvis de blir julet opp av vennene deres. Så hva slags samvittighet ville disse menneskene få? De vil sikkert føle seg dumme og at det er galt å la andre jule dem opp. Hvis andre slår dem en gang da er det ok for dem å slå dem tilbake to ganger. De vil med andre ord sette inn ondskap som om det var godhet.

Hvordan ville disse foreldrene som følger sannheten kunne lære barna deres? De ville kunne sjekke situasjonen og lære dem gjennom godheten og sannheten slik at de kan få fred ved å si noe som, "Kjære, vil du bare prøve å forstå dem? Hvis det også er noe du gjorde galt. Gud ber oss om å overvinne ondskap med godhet."

Hvis barn bare blir lært gjennom Guds Ord i hver eneste situasjon, da kan de utvikle god og riktig samvittighet. Men i de fleste tilfeller vil deres foreldre lære dem gjennom usannhet og løgner. Når foreldre lyver, da vil også barna lyve. Forestill deg at telefonen ringer og datteren tar telefonen. Hun dekker røret med hånden hennes slik at den som ringer ikke kan høre. Hun sier så, "Far, onkel Tom vil prate med deg." Da forteller faren datteren, "Fortell ham at jeg ikke er hjemme."

Datteren sjekker med faren før hun gir ham telefonen fordi dette har skjedd flere ganger tidligere. Mennesker blir lært gjennom mange usanne ting under deres oppvekst, og på toppen av dette vil de få disse usanne tingene ved å dømme og fordømme gjennom deres egne følelser. Det er på denne måten en usann samvittighet blir dannet.

De fleste mennesker er også selvopptatte. De vil bare følge deres eget gagn og de tror at de selv har rett. Hvis hensikten eller andre menneskers ideer ikke er i likhet med deres egne ideer, da tror de at andre er feil. Men de andre menneskene vil også tenke på denne måten. Det er vanskelig å komme til en overenstemmelse hvis alle tenker på denne måten. Det samme gjelder til og med blant mennesker som henger mye sammen, som for eksempel mann og kone eller foreldre og barn. De fleste mennesker danner deres 'ego' på denne måten, og en burde derfor ikke bare insistere på at hans/hennes 'ego'er det rette.

Selvgodhet og Rammeverk

Mange mennesker danner deres egen dømmende standard og verdisystemer gjennom sjelens virksomhet som tilhører usannheten. Som følge av dette lever de innenfor deres selvgodhet og deres rammeverk. Denne selvgodheten blir derfor også dannet med usannheter som de aksepterer fra verdenen og som de ser på som sannhet. De som har en slik selvgodhet vil ikke bare se på seg selv som rettferdige på grunn av deres standarder, men i deres selvgodhet vil de også prøve å presse deres meninger og tro på andre.

Når denne selvgodheten blir hardere, vil den bli et rammeverk. Dette rammeverket er med andre ord et systematisk dannet byggverk av ens selvgodhet. Disse rammeverkene har blitt laget og er basert på hvert menneskets personlighet, smaker, oppførsel, teorier, og tanker. I en situasjon hvor begge meningene er OK, vil dette bli ditt rammeverk hvis du bare insisterer på at din mening er riktig, og hvis dette synspunktet er styrket. Da vil det oppstå en tendens til å opparbeide seg for å bli mer imøtekommende mot og akseptabel av andre som har liknende prioriteter, personligheter eller preferanser, men det er også en tendens til å tåle mindre fra andre som ikke er enige med deg. Dette er på grunn av et personlig rammeverk.

Et slikt rammeverk kan bli avslørt i forskjellige former i våres daglige liv. Et par som er nygifte vil kanskje krangle om ubetydelige ting. Mannen tror at det er riktig å presse tannpastaen fra bunnen av mens konen bare presser på tuben hvor som helst. Hvis en av dem insisterer på at han/hennes måte er riktig i denne situasjonen, da vil det lett oppstå en krangel. Konflikter vil oppstå fra rammeverkene rundt deres vaner som er forskjellig fra hver person.

Anta at det finnes en ansatt i et firma som gjør alt arbeid selv uten å få noe hjelp. Noen mennesker har for vane å gjøre alt selv fordi de ble oppdratt i et vanskelig miljø og måtte arbeide mye alene. Det er ikke fordi de er arrogante. Så hvis du dømmer denne personen som arrogant eller selvgod, er også dette en feil dom.

I de fleste tilfeller er både personens selvgodhet og personens rammeverk feil når en ser det fra sannhetens side. Feilen vil oppstå ifra hjertet og usannheten som ikke vil tjene andre og som bare søker etter ens personlige gagn. Selv de troende har selvgodhet og rammeverk som de ikke er klar over at eksisterer.

De tror at de hører på Guds Ord og at de har til en viss grad kastet bort all synden, og at de kjenner til sannheten. Med en slik kunnskap vil de vise deres selvgodhet. De vil dømme hvordan andre lever livet deres i troen. De vil også sammenligne seg selv med andre og tenke at de er bedre enn andre. På et tidspunkt så de bare gode ting i andre, men senere begynte de å forandre seg og nå ser de istedenfor deres svakheter. De vil bare insistere på deres egne meninger, men de sier at de gjorde dette 'for Guds kongerikets skyld'.

Noen mennesker vil sankke som om de vet alt og at de alltid har rett. De vil alltid prate om andre menneskers svakheter ved å dømme dem. Dette betyr at de ikke kan se deres egne svakheter, men bare andres.

Før vi blir fullstendig forandret gjennom sannheten, har vi alle selvgodhet og vi utvikler vårt rammeverk. Helt til den utstrekning hvor vi har ondskap i vårt hjerte, vil vi ha sjelens virksomhet som tilhører usannheten istedenfor virksomheten som tilhører sannheten. På grunn av dette vil vi dømme og fordømme andre innenfor vår egen selvgodhet og rammeverk. For at vi kan vokse åndelig må vi ta i betraktning alle våre tanker og teorier som om de ikke hadde noen betyding. Vi må ødelegge vår selvgodhet og rammeverk og ha sjelens virksomhet som tilhører sannheten.

Å Ha Sjelens Virksomhet som Tilhører Sannheten

Vi kan ha en åndelig utvikling og omvende oss til Guds sanne barn når vi endrer vår sjels virksomhet som tilhører usannheten til de som tilhører sannheten. Så hva må vi så gjøre for å ha sjelens virksomhet som tilhører sannheten?

Først må vi være forstandige og skille mellom alt gjennom sannhetens standard.

Mennesker har forskjellige samvittigheter, og verdens standard er også forskjellige ifølge tiden, stedet og kulturene. Selv om du handlet på den riktige måten, kan det bli sett på som feil av andre som har annerledes verdier.

Mennesker danner deres verdier og akseptable manérer i forskjellige miljøer og kulturer, og vi må derfor ikke dømme andre gjennom våre egne standarder. Den eneste avgjørende standarden som vi kan bruke for å skille mellom riktig og galt og fra sannhet til løgn er Guds Ord som er selve sannheten.

Blant tingene som de verdslige menneskene synes er riktig og passende, er det ting som passer med Bibelen, men det finnes også mange ting som ikke passer. Forestill deg at en av dine venner begikk en forbrytelse, og at en annen en ble galt anklaget. I dette tilfelle vil de fleste mennesker synes at det er akseptabelt å avsløre dine venners skyld. Men hvis du ikke sier noe og du vet at den andre er uskyldig, da kan dine ahndlinger aldri bli sett på som rettferdig i Guds øyne.

Før jeg trodde på Gud sa jeg før "Ja, jeg har allerede spist", når jeg besøkte noen andres hus rundt et måltid og hvis de spurte meg om jeg allerede hadde spist. Jeg trodde aldri at dette ikke var riktig, fordi jeg bare sa det for at den andre personen skulle føle seg komfortabel. Men på en åndelig måte, kan dette bli en dårlig ting i Guds øyne fordi det ikke virkelig er sant, selv om det heller ikke er en synd. Etter at jeg innså dette, brukte jeg andre uttrykk som, "Jeg har ikke spist, men jeg er ikke sulten akkurat nå."

For å innse alt gjennom sannheten, burde vi høre på og lære om det sanne Ordet og holde det inne i våre hjerter. Vi burde lese Bibelen og bli kvitt de gale kvalitetene som vi dannet gjennom usannheten her i verden. Samme hvor klok en ting er her i verden, burde vi kaste det bort hvis det står opp imot Guds Ord.

For det andre må våre følelser og sinnsbevegelser holde seg på likhet med sannheten for at sjelens virksomhet kan tilhøre sannheten.

Hvordan vi tar til oss ting vil spille en viktig rolle når vi prøver å føle oss frem ifølge sannheten. Jeg så en mor som skjente på hennes barn og sa, "Hvis du gjør dette, da vil presten straffe deg!" Hun får hennes barn til å tro at han burde frykte presten. Et slikt barn vil bli litt redd for og unngå presten istedenfor å nærme seg presten når han blir eldre.

For lang tid siden så jeg en scene i en film. En jente var veldig vennlig imot en elefant og elefanten hadde det med å blåse hans snabel på pikens nakke. En dag da denne jenten sov, kom det en giftig slange som slynget seg rundt pikens nakke. Hvis hun hadde visst at dette var en giftig slange, ville hun ha vært forferdelig redd og skremt. Men hennes øyne var lukket mens hun sov og hun trodde bare at det var snabelen til elefanten. Så hun var ikke i det hele tatt overrasket. Hun følte heler at det bare var en venlig bevegelse. Følelser er foskjellige avhengig av tankene.

Følelsene blir annerledes avhengig av hva vi tenker på. Mennesker som føler seg motbydelighet mot larver, marker eller skolopendere nyter den gode smaken av kylling selv om kyllingen spiser slike ting. Vi kan nå se hvordan våre følelser angående noe har med våre tanker å gjøre. Samme hva slags person vi ser og hva slags arbeide vi gjør, burde vi bare tenke og føle på gode måter.

Over alt annet, må vi alltid se, høre, og bare sette inn gode ting for å kunne klare å tenke og føle oss godt i alt. Dette er spesielt sant disse dagene når vi kan se omtrent alt i massemediene eller Internettet. Det er mer ondskap, grusomhet, bedrageri, selvgodhet, sluhet, og bedrageri rundt oss i dag enn det noensinne har vært i historien. For at vi selv kan holde oss i sannheten, er det bedre at vi ikke kan se, høre, eller sette inn disse tingene så mye som mulig. Men selv om vi må møte disse tingene kan vi på dette tidspunktet sette in tingene i sannhet og godhet. "Hvordan?" vil du spørre!

De som for eksempel hørte de skrekkelige historiene om demoner eller vampyrer nå de var unge er veldig redde for dem, spesielt hvis de er alene i mørket etter at de har sett en skremmende film. De har grøsninger eller føler seg skremt hvis de hører noen som helst rar lyd eller ser nifse skygger. Hvis de er alene, da vil kanskje noe lite skje som får dem til å bli sjokkerte på grunn av deres frykt.

Men hvis vi lever i lyset, da vil Gud beskytte oss og den onde ånden kan ikke røre oss. Istedenfor vil de grøsse og være redde av det åndelige lyset som skinner ut fra oss. Hvis vi forstår dette faktum, da kan vi endre våres følelser. Vi kan forstå ifra hjertet at onde ånder ikke er skremmende skikkelser, så våre følelser kan derfor også endre seg. Siden vi kan underkue hele den mørke verden, selv om demonene viser seg, kan vi bare drive dem vekk med Jesus Kristus navn.

La oss se på et tilfelle til hvor mennesker ikke har riktige følelser. Jeg var på en pilegrimsferd med kirkemedlemmer for omkring 20 år siden. Det var en statue med en naken mann i stadion i Grekenland. Inngraveringen var om å fremme mosjon og idrett for friske mennesker som er grunnlaget for en frisk nasjon. Her kunne jeg se en forskjell på turistene fra Europa og andre land og våre kirkemedlemmer.

Noen av de kvinnelige medlemmene tok bolder foran statuen uten noen problemer, mens det var andre mennesker som rødmet. De ungikk stedet som om det var noe som de ikke burde ha sett. Grunnen til at de rødmet over statuen var på grunn av at de hadde utroskapelige sinn. De hadde en uanstendig følelse angående nakenhet, og de hadde en slik følelse når de så en statue av en naken mann. Slike mennesker vil kanskje til og med dømme de som studerer en slik statue veldig nærme. Men disse europeiske turistene virket ikke flaue og de hadde heller ingen andre liknende følelser. De så på statuen med forståelse for et utmerket kunstverk.

I dette tilfelle er det ingen som burde dømme disse europeiske turistene og si at de er skamfulle. Hvis vi forstår forskjellige kulturer og forandrer våre usanne følelser til sanne følelser, da behøver vi ikke å føle oss flaue eller skamme oss. Adam hadde før livd i hans nakenhet når han ikke hadde hatt noe kunnskap om det kjødelige, for han hadde ikke noe utroskap i seg, og det var mye bedre å leve på en slik måte.

For det tredje burde vi ikke akseptere ting som bare kommer fra vårt eget synspunkt for å ha sjelens virksomhet som tilhører sannheten, men burde også se ting fra andres synspunkter.

Hvis du aksepterer ting og situasjoner bare gjennom ditt eget synspunkt, erfaring, og måte og tenke på, vil det oppstå mange usanne sjelelige virksomheter. Du vil sikkert legge til eller ta ord ifra andre ifølge dine egne tanker. Du vil forstå, dømme, fordømme, og la dårlige følelser oppstå.

Forestill deg at en person som har blitt skadet i en ulykke klager veldig mye på hans smerter. De som ikke har erfart slike smerter eller de med stor toleranse overfor smerter vil kanskje tenke at denne personen bråker over noe som bare er en liten ting. Hvis du aksepterer andre menneskers ord basert på ditt eget synspunkt og erfaringer, da vil du ha usann virksomhet i din sjel. Hvis du prøver å forstå fra andres synspunkt, da kan du forstå ham og hvor mye smerter han føler.

Hvis du bare forstår den andre personens situasjon og aksepterer ham, da vil du holde fred med alle. Du vil ikke behøve å hate eller ha noe som ikke er komfortabelt. Selv om du lider av en skade eller elendighet på grunn av en annen person, vil du ikke hate ham, men du vil fremdeles elske ham og ha barmhjertighet med ham hvis du tenker på ham først. Hvis du kjenner til Jesus kjærlighet, Han som ble korsfestet for oss og Guds nåde, da kan du til og med elske dine fiender. Dette var tilfelle med Steven. Til og med når de kastet stein på ham uten at han selv hadde gjort noe, hatet han ikke de som kastet stien på ham, men heller ba for dem.

Så noen ganger vil vi se at det ikke er lett å ha sjelens

virksomhet som tilhører sannheten akkurat som vi vil. Vi må derfor alltid holde oss vaktsomme angende våre ord og gjerninger og prøve å endre på vår sjels virksomhet som tilhører usannheten, og istedenfor få den til å tilhøre sannheten. Vi kan ha sjelens virksomhet som tilhører sannheten med Guds nåde og styrke og hjelpen fra den Hellige Ånd idet vi ber og fortsetter med å prøve.

Jeg Dør Daglig

Apostelen Paulus fordømte en gang de kristne fordi han hadde en sterk selvgodhet og psykisk rammeverk. Men etter at han møtte Herren, innså han at hans selvgodhet og psykiske rammeverk ikke var riktig, og han ydmykte seg selv til en slik grad at han innså at alt det han hadde hatt bare var nonsens. Først hadde han hatt strid i hans hjerte når han innså at han hadde ondskap inne i seg som kjempet med den som gjerne ville gjøre gode ting (Romerne 7:24).

Men han laget et yrke av takknemlighet og trodde at livets lov og den Hellige Ånden i Jesus Kristus satte ham fri fra syndens lov og døden. I Romerne 7:25 sa han, *"Gud være takk ved Jesus Kristus, vår Herre! Altså tjener jeg Guds lov med mitt sinn, men syndens lov med mitt kjøtt og blod,"* og i 1. Korinterne 15:31, *"Ja, mine søsken, jeg dør hver dag, det er like sant som at jeg er stolt av dere i Kristus Jesus."*

Han sa, "Jeg dør daglig" og dette betyr at han omskjærte hans hjerte daglig. Han kastet nemlig vekk usannheten i ham som stolthet, selvhevdelse, hat, dømming, sinne, arroganse, og grådighet. Akkurat som han spådde, kastet han dem vekk ved å kjempe imot dem helt til han begynte å blø. Gud ga ham nåde og styrke, og ved hjelp av den Hellige Ånd ble han til et åndelig menneske som bare hadde sjalens virksomhet i sannheten. Han ble til slutt en mektig apostel som spredde evangeliet mens han utførte mange tegn og undere.

3. Kapittel

Kjøttets Ting

Noen mennesker beggar synder som misunnelse,
sjalusi, dømmelse, fordømmelse, og utroskap i sine tanker.
De blir ikke vist på utsiden,
men slike synder blir gjort fordi de har syndige kjennetegn i dem.

For de som har døde ånder, vil deres sjeler bli herren og vil styre over kroppen deres. Forestill deg at du er tørst, og at du gjerne vil ha noe å drikke. Da vil sjelen få hendene til å plukke opp glasset og bringe det til munnen din. Men på dette tidspunktet, hvis noen kaster fornærmelser imot deg og du blir sint, da vil du kanskje slå i stykker glasset. Hva slags sjelelig virksomhet er dette?

Dette skjer når Satan hisser opp sjelen som tilhører det kjødelige. Mennesker mottar fiende djevelen og Satans arbeid helt til den grad hvor de har usannhet i seg. Hvis de aksepterer Satans arbeid, vil de ha tanker med usannhet, og hvis de aksepterer djevelens arbeid, vil de vise usanne gjerninger.

Tanken om å knuse glasset i sinne ble gitt av Satan, og hvis du virkelig knuser glasset, er dette djevelens arbeide. Tanken er kalt 'en kjødelig ting' og handlingen er kalt 'kjøttets gjerning'. Grunnen til at vi har sjelens virksomhet og gjerninger som tilhører usannheten er på grunn av de syndige egenskapene som har blitt plantet av fiende djevelen og Satan siden Adams nedgang og som har blitt kombinert med menneskekropper.

Kroppens Kjøtt og Gjerninger

Romerne 8:13 sier, *"...for hvis du lever ifølge kjøttet, da må du dø; men hvis du gjennom Ånden dreper kroppens gjerninger, da vil du leve."*

Her betyr 'du må dø' at du vil møte en evig død, som er Helvete. 'Kjøttet' har derfor ikke bare meningen som refererer til vår fysiske kropp. Den har også en åndelig mening.

Det sier at hvis vi dreper kroppens gjerninger gjennom Ånden, da vil vi leve. Betyr dette at vi må bli kvitt kroppens gjerninger som å sitte ned, ligge ned, spise og så videre? Selvfølgelig ikke! Her vil 'kroppen' referere til skjellet eller boksen som åndens kunnskap randt ut av og som Gud ga til menneskene. For å kunne forstå de åndelige meningene av dette må vi lære hva slags menneske Adam var.

Når Adam var en levende ånd, var hans kropp verdifull og udødelig. Han ble ikke eldre og han kunne ikke ha dødd eller råtnet. Han hadde en skinnende, vakker og åndelig kropp. Hans oppførsel var også mer verdig enn noen adelsmann her på jorden. Men etter at han hadde blitt syndig og hans kropp ble en verdiløs kropp på grunn av hans synd, ble dette ikke noe annerledes enn for dyr.

La meg gi deg en allegori. Når vi finner en kopp med væske, kan koppen bli sammenlignet med vår kropp og væsken, vår ånd. Den samme koppen kan ha forskjellige verdier ifølge hva slags væske den har. Det samme gjaldt kroppen til Adam.

Som en levende ånd hadde Adam bare sannhetens kunnskap som kjærlighet, godhet, sannhet, og rettferdighet, og Guds lys, som de hadde fått ifra Gud. Men når hans ånd døde, lakk kunnskapen om sannheten ut, og han fikk kjødelige ting av fiende djevelen og Satan istedenfor sannheten. Han forandret seg og begynte å følge usannheten som hadde blitt en del av ham. Det ble sagt, "Gjennom Ånden vil kroppens gjerninger bli drept." Her refererer 'kroppens gjerninger' til gjerningene som kommer fra kroppen som er kombinert med usannheten.

Det er for eksempel mennesker som reiser neven deres, smeller i dørene eller viser andre manérer med tøff oppførsel når de blir sinte. Noen mennesker bruker dårlig språk i hver eneste setning. Noen mennesker ser på mennesker av det andre kjønn med begjær og andre vil vise uanstendige oppførsler.

Kroppens gjerninger refererer ikke bare til syndens innlysende fullmakt men også alle andre handlinger som ikke er perfekte i Guds øyne. Når noen mennesker snakker med andre vil de ubevist peke fingeren på mennesker eller ting. Noen mennesker hever stemmene deres når de prater med andre til den grad hvor det høres ut som om de krangler. Disse tingene vil kanskje virke ubetydelige, men dette er gjerninger som kommer ifra kroppen som er kombinert med usannheten.

Det regelmessige anvendelsen av ordet 'kjøtt' kan bli funnet i Bibelen. I dette verset, Johannes 1:14, blir ordet 'kjøtt' brukt gjennom dens bokstavelige meningen, *"Og Ordet ble menneske og tok bolig iblandt oss, og vi så Hans herlighet, en herlighet som den enbårne Sønn har fra sin Far."* Men den kan bli brukt oftere med en åndelig mening.

Romerne 8:5 sier, *"For de som lever ifølge kjøttet vil tenke på de kjødelige tingene, men de som lever ifølge Ånden,vil tenke på de Åndelige tingene."* Og Romerne 8:8 sier, *"...og de som lever i det kjødelige kan ikke tilfredstille Gud."*

Her blir 'kjøttet' brukt på en åndelig måte og referere til de syndige egenskapene som er forbundet med kroppen. Dette er kombinasjonen av de syndige egenskapene og kroppen som kunnskapen har lekket ut av. Fiende djevelen og Satan plantet forskjellige syndige egenskaper i mennesker, og de kom sammen med kroppen. De blir ikke vist som gjerninger med det samme, men disse egenskapene kan nå bli funnet i mennesker slik at de kan vise seg som gjerninger når som helst.

Når vi nevner hver av disse kjødelige egenskapene, sier vi at det er 'kjødelige ting'. Hat, misunnelse, sjalusi, falskhet, sluhet, arroganse, sinne, dømming, fordømmelse, utroskap, og grådighet, kan alle sammen bli referert til som 'kjødelige', og hver av dem er 'kjødelige ting'.

Meningen med 'Kjøtt er Svakt'

Når Jesus ba på Gethsemane, da sov disiplene. Jesus sa til

Peter, *"Fortsett og se og be om at du ikke må havne inn i fristelse; ånden er villig, men kjøttet er svakt"* (Matteus 26:41). Men dette betyr ikke at disiplenes kropper var svake. Peter hadde en robust oppbyggelse siden han før hadde vært en fisker. Så hva betyr det at 'kjøttet er svakt'?

Det betyr at siden Peter ikke ennå hadde mottat den Hellige Ånd, var han et åndelig menneske som ikke fullstendig hadde kastet vekk synden og kunne derfor ikke kultivere kroppen som tilhørte ånden. Når et menneske kaster vekk syndene og går inn til ånden, det vil si når han blir et åndelig menneske og et sant menneske, da vil hans kropp og sjel bli styrt av hans ånd. Så selv om kroppen er veldig trett kan du fremdeles unngå å sovne hvis du virkelig vil holde deg våken.

Men på denne tiden hadde Peter ikke kommet inn til ånden, og han kunne derfor ikke styre de kjødelige egenskapene som tretthet og lathet. Så selv om han gjerne ville holde seg våken, klarte han det ikke. Han holdt seg innenfor hans psykiske grenser. Å holde seg innenfor slike fysiske grenser betyr at det kjødelige er svakt.

Men etter oppvekkelsen og oppstigningen av Jesus Kristus, mottok Peter den Hellige Ånd. Nå styrte han ikke bare hans kjødelige egenskaper, men helbredet også mange syke mennesker og til og med vekket opp de døde. Han spredde evangeliet med en slik sterk tro og tapperhet at han valgte å holde seg korsfestet opp ned.

I Jesus tilfelle spredde Han evangeliet til Guds kongerike og helbredet mennesker dag og natt, selv om Han ikke riktig kunne spise eller sove. Men fordi Hans ånd styrte kroppen Hans, kunne Han til og med be til Hans svette ble til bloddråper som falt ned på bakken i en situasjon hvor Han til og med var trett. Jesus hadde verken den opprinnelige synden eller noen selvbegått synd. Han kunne derfor styre Hans kropp gjennom ånden.

Noen troende synder og unnskylder seg ved å si, "Mitt kjøtt er svakt." Men de sier dette fordi de ikke kjenner til deres åndelige mening med dette uttrykket. Vi må forstå at når Jesus tapte Hans blod på korset reddet ikke dette oss bare fra våre synder, men også fra våre svakheter. Vi kan ha friske ånder og kropp og gjøre ting som ligger utenfor menneskenes grenser hvis vi bare har tro og adlyder Guds Ord. Vi vil også få hjelp fra den Hellige Ånd og vi burde derfor ikke si at vi ikke kan be eller at vi ikke har noe annet valg enn å synde fordi vårt kjøtt er svakt.

Kjøttets Ting: Synder som blir Begått i Tankene

Hvis mennesker har kjøtt, det vil si hvis de har syndige egenskaper som har blitt satt inn i kroppen deres, da vil de ikke bare synde i sinnet, men også i gjerningene. Hvis de har falske egenskaper, da vil de snyte andre i en situasjon som ikke er fordelaktig for dem selv. Hvis de synder i hjertet og ikke i handling, er dette en 'kjødelig ting'.

Forestill deg at du ser et vakkert smykke som tilhører din nabo. Hvis du bare tenker litt om å ta eller stjele det, da har du allerede syndet i hjertet. De fleste mennesker ser ikke på dette som en synd. Men Gud vil sjekke hjertet, og til og med fiende djevelen og Satan kjenner et slikt menneskelig hjerte, så de kan anklage folk som har en slik synd, det vil si at dette er en kjødelig ting.

I Matteus 5:28 sa Jesus, *"...men Jeg sier til dere at alle som ser på en kvinne med begjær har allerede vært utro med henne i hans hjerte."* I 1. Johannes 3:15 står det, *"Alle som hater hans bror er en morder; og du vet at det ikke finnes noen morder som får evig liv."* Hvis du synder i ditt hjerte, vil dette bety at du har lagd et grunnlag til å egentlig begå syndige gjerninger.

Du kan smile og late som om du elsker noen selv om du hater og gjerne vil slå denne personen. Hvis noe skjer og du ikke lenger kan tolerere situasjonen, da vil ditt sinne eksplodere og du vil kanskje krangle eller slåss med denne personen. Men hvis du kaster vekk den syndige egenskapen angående hat, da vil du aldri hate denne personen selv om han gjør det vanskelig for deg.

Akkurat som det ble skrevet ned i Romerne 8:13 sier, *"... for hvis du lever ifølge kjøttet, da må du dø,"* hvis du ikke blir kvitt det kjødelige, da vil du før eller siden begå kjødelige ting. Men Skriftene sier også, *"...men hvis du bruker Ånden til å drepe kroppens gjerninger, da vil du leve."* Så det er mulig å ha guddommelige og hellige gjerninger idet du en etter en kaster bort kjødelige ting. Så hvordan kan vi hurtig bli kvitt kjødelige ting og arbeider?

Romerne 13:13-14 sier, *"La oss leve sømmelig som på lyse dagen, ikke i festing og fyll, hor og utskeielser, strid og misunnelse. Men kle dere i Herren Jesus Kristus, og vær ikke så opptatt av kroppen at det vekker begjær,"* og i 1. Johannes 2:15-16 står det, *"Elsk ikke verden eller tingene i den. Hvis det er noen som elsker verden, da har de ikke Faderens kjærlighet i seg. For alt det som finnes i verden som kjøttets begjær og øynenes begjær, kommer ikke fra Faderen, men kommer fra verden."*

Fra disse versene, kan vi innse at alle ting her i verden kommer fra kjøttets og øynenes begjær, og livets skrytende stolthet. Begjæret er energikilden som driver mennesker til å søke og akseptere det motbydelige kjøttet. Det er en sterk makt som får mennesker til å føle seg godt om verden og elske den.

La oss nå gå tilbare til scenen hvor Eva ble fristet av slangen gjennom Første Mosebok 3:6: *"Når kvinnen så at treet hadde god frukt, og at det var veldig pent å se på, et prektig tre, siden det kunne gi forstand. Så tok hun av frukten og spiste. Hun ga også mannen sin, som var med henne, og han spiste."*

Slangen sa til Eva at hun kunne bli som Gud. Akkurat da aksepterte hun verden, den syndige egenskapen kom til henne og satte seg inn som kjøtt. Nå kom kjøttets begjær inn og frukten så ut som veldig god mat. Øynenes begjær kom også til og frukten ble herlig å se på. Livets skrytende stolthet ble også gjeldende og frukten skulle så gjøre en klok. Idet Eva aksepterte et slikt begjær, ville hun gjerne spise frukten og det gjorde hun også. Før i tiden hadde hun ikke hatt noen tanker om å ikke adlyde Guds Ord i det hele tatt, men ettersom hennes begjær fikk motivasjon, så frukten god og vakker ut. Og når hun også gjerne ville bli som Gud, var hun stil slutt ulydig mot Gud.

Kjøttets begjær, øynenes begjær, og livets skrytende stolthet får oss til å føle at synder og ondskap er gode og kjærlige. Dette vil så øke de kjødelie tingene og til slutt også kjøttets arbeide. For å derfor bli fullstendig kvitt de kjødelige tingene, må vi så bli kvitt disse tre slags lystene. Da kan vi begynne å kaste vekk selve kjøttet fra vårt hjerte.

Hvis Eva hadde visst hvor store smerter det ville få hvis hun spiste frukten, ville hun ikke ha følt at det var god mat og herlig å se på. Men hun ville avskydd å til og med røre ved det eller se på det, og for ikke å tenke på å spise det. Det er på samme måte hvis vi innser hvor mye smerter vi vil få hvis vi elsker verden og at det vil få oss til å falle inn i Helvetes straff, da vil vi helt sikkert ikke elske verden. Så fort vi innser hvor verdiløse alle de verdslige tingene som er flekket av synder er, kan vi lett kaste bort våre kjødelige ønsker. La meg forklare dette litt nærmere.

Kjøttets Begjær

Kjøttets begjær er egenskapen som får en til å følge kjøttet og synde. Når vi har egenskapene som hat, sinne, selvgode ønsker, sensuelle ønsker, misunnelse, og stolthet, da kan kjøttets begjær bli hisset opp. Når vi finner en slik situasjon hvor syndige egenskaper blir opphisset, da oppstår det også interesse og nysgjerrighet. Dette vil få oss til å føle at synder er gode og kjærlige. På dette tidspunktet blir det kjødelige avslørt og de vil bli til kjødelige arbeider.

La oss for eksempel forestille oss at en ny troende bestemmer seg for å slutte å drikke, som er kjødelig, men at han fremdeles har lyst på alkohol. Så hvis han går til en bar eller et sted hvor mennesker drikker alkohol, da vil hans lyst om å drikke bli stimulert. Dette vil så utløse mannens ønske og få ham til å egentlig drikke alkohol og bli full.

La meg gi deg et annet eksempel. Hvis vi har egenskapene som dømmer og fordømmer andre, da vil vi kanskje gjerne høre rykter om andre mennesker. Vi vil kanskje synes at det er gøy å høre og spre rykter og å snakke om andre mennesker. Hvis vi er sinte og det er noe som vi ikke er enige i, da vil vi føle oss forfrisket og gode når vi blir sinte på noen eller noe. Hvis vi prøver å få oss selv til ikke å følge kjøttets egenskaper om å bli sinte, vil vi syntes at dette er mye mer smertefullt og uutholdelig. Hvis vi er stolte, da har vi egenskapen om å bruke vår egenskap til å skryte av oss selv. I vår stolthet vil vi kanskje også gjerne at andre tjener oss når vi følger disse egenskapene i oss. Hvis vi har ønske om å bli rike, vil vi prøve å bli rike på andres bekostning, og vil skade og få andre mennesker til å lide. Dette kjødelige begjæret vil øke ettersom vi begår flere synder.

Men selv om en person er en ny troende og har en svak tro vil hans begjær ikke bli stimulert så lett hvis han ber iherdig, mottar nåde fra samhold med andre medlemmer, og er full av den Hellige Ånd. Selv om det kjødelige begjæret viser seg et sted i hans tanker, kan han bli kvitt det med det samme gjennom sannheten. Men hvis han stopper med å be og mister hans fullstendige Hellige Ånd, da vil han gi rom for fiende djevelen og Satan slik at de igjen kan stimulere kjøttet.

Så hva er så viktig med å bli kvitt det kjødelige begjæret? Det er å holde på en fullstendig Hellig Ånd slik at dine ønsker om å søke etter ånden vil holde seg sterkere enn dine ønsker om å søke etter det kjødelige. Vi burde alltid holde oss våkne åndelig som det ble sagt i 1. Peter 5:8, *"Ha en edru ånd, hold deg vaktsom. Deres motstander, djevelen, går omkring som en brølende løve for å finne noen å sluke."*

For å kunne gjøre dette, må vi ikke stoppe å be iherdig. Selv om vi er veldig opptatte med å gjøre Guds arbeide, vil vi miste den Hellige Ånds rikdom hvis vi stopper å be. Da vil veien bli åpnet for at kjøttets begjær skal bli stimulert. På denne måten vil vi kanksje synde i tankene og så etterpå i gjerningene. Det er derfor til og med Jesus, Guds Sønn, satte et eksempel med å be uten stopp mens Han levde her på jorden. Han stoppet aldri med å sammarbeide med Faderen og fullførte Hans vilje.

Of hvis vi selvfølgelig kaster vekk våre synder og når frelse, da vil det ikke oppstå noen kjødelige lyster, og du vil derfor ikke gi deg hen til det kjødelige og synde. Så de som blir frelst vil ikke be om å kaste bort de kjødelige kystene, men om å motta større rikdom fra den Hellige Ånd og om å fullføre Guds kongerike på en høyere måte.

Hva hvis vi har menneskelig avfall på våre klær? Vi vil ikke bare tørke det vekk, men vi vil vaske det med såpe og vann for å bli kvitt all lukten. Hvis det er en mark eller en larve på klærne våres, vil vi bli veldig overrasket og riste det av med det samme. Men hjertets synder er mye mer skittent og grisete enn menneskelig avfall eller noen som helst mark. Akkurat som det ble skrevet i Matteus 15:18, *"Men de tingene som kommer ut av munnen kommer ifra hjertet, og disse vil forurense menneske,"* de vil ødelegge et menneske helt ned til beinet og margen og vil forårsake store smerter.

Hva hvis kvinnen finner ut av at mannen har et forhold til en annen kvinne? Hvor smertefullt ville ikke dette være for henne! Det samme gjelder den andre veien. Dette vil få krangling til å bryte freden i familien, eller til og med bli årsaken til brudd i familien. Vi burde derfor hurtig kaste vekk de kjødelige kystene for det vil bare starte synder og ufordelaktige konsekvenser.

Øynenes Begjær

'Øynenes begjær' stimulerer hjerte med det en hører og ser og får en person til å søke etter kjødelige ting. Selv om det blir kaldt 'øynenes begjær,' havner øynenes lyster inn i menneskenes hjerter gjennom å se, høre, og føle idet de blir eldre. Det vil si at det de ser og hører vil røre ved hjertene deres og gi dem følelser, og gjennom dette vil de få 'begjærlige øyne'.

Når du ser noe og aksepterer det sammen med følelser, vil du ha en lignende følelse når du ser noe liknende igjen. Selv om de egentlig ikke ser det, vil du bli minnet på dine forhenværende erfaringer slik at ditt begjær kan bli stimulert hvis du bare hører om denne spesielle tingen. Hvis du fortsetter med å motta øynenes begjær, vil det motivere ditt kjødelige begjær, og du vil til slutt synde.

Hva skjedde når David så Bathsheba bade, konen til Uriah? Han ble ikke kvitt hans øynes begjær, men bare aksepterte det og ga derfor etter hans kjødelige lyster som ga ham et ønske om denne kvinnen. Til slutt tok han denne kvinnen og syndet til og med ved å sende hennes mann Uriah kampens frontlinje for å drepe ham. Ved å gjøre dette ga han seg selv veldig mange prøvelser.

Hvis vi ikke blir kvitt våre øynes begjær, vil det fortsette å stimulere den syndige egenskapen i oss. Hvis vi for eksempel ser på motbydelige ting, vil dette motivere den syndige egenskapen til det utroe sinnet. Når vi ser med øynene, vil vi få de begjærlige øynene inne i oss, og Satan vil også drive våre tanker i den usanne retningen.

De som tror på Gud kan ikke akseptere øynenes begjær. Du må verken høre eller se det som ikke er sant, og du burde ikke engang gå til et sted hvor du kan ha contact med usanne ting. Samme hvor mye du ber, faster, og ber hele natten for å drive vekk det kjødelige, vil ditt kjødelige begjær bli sterkere og mer motivert hvis du ikke blir kvitt dine øynes begjær. På grunn av dette er det ikke lett å kaste vekk det kjødelige og du vil føle at det er veldig vanskelig å kjempe imot syndene.

Hvis for eksempel soldatene i en krig innenfor byveggene mottar varer utenfra byen, da vil de få styrken til å fortsette å slåss. Det ville ikke vært lett å ødelegge fiende hæren innenfor byveggene. Å derfor seire over byen må vi derfor omringe den og stoppe deres forsyninger utenfra slik at fiendehæren ikke kan motta noe mat eller våpen. Hvis vi fortsetter å angripe mens vi holder situasjonen slik, da vil fienden til slutt bli ødelagt.

Ved å bruke dette eksempelet og hvis fiende hæren inne i byen er usanferdig, det vil si vårt kjøtt inne i oss, da vil forsterkelsen utenfra byen bli begjæret fra øynene. Hvis vi ikke blir kvitt våre øynes begjær, da ville vi ikke kunne kaste vekk syndene selv om vi faster og ber, fordi de syndige egenskapene vil fortsette å motta styrke. Så vi må først bli kvitt øynenes begjær og be og faste for å bli kvitt våre syndige egenskaper. Da vil vi kunne bli kvitt dem gjennom Guds nåde og styrke og den Hellige Ånds overflod.

La meg gi deg et simplere eksempel. Hvis vi fortsetter å helle rent vann inn i et kar som er fylt med skittent vann, da vil det skitne vannet til slutt bli rent. Men hva hvis vi heller rent vann i det samtidig som vi heller skittent vann i det? Det skitne vannet i karet vil ikke bli rent samme hvor lenge vi heller, hvis ikke alt vannet er rent. På samme måte må vi ikke akseptere noe mer usannhet, men bare sannhet for å kunne kaste vekk det kjødelige og kultivere hjerte til ånden.

Livets Skrytende Stolthet

Mennesker har en tendens til å skryte. "Livets skrytende stolthet" er "våres forfengelige og skrytende egenskap som vi har angående nytelsene her i livet." Folk vil for eksempel skryte av deres familie, barn, mann eller kone, dyre klær, fint hus, eller smykker. De vil gjerne bli anerkjent på grunn av deres utseende eller talenter. De vil til og med skryte av å være venner med berømte eller innflytelsesrike mennesker. Hvis du har en skrytende stolthet i livet ditt, da vil du sett rikdom, berømmelse, kunnskap, talenter, og utseende i denne verden veldig høyt og du vil henrykt søke etter dem.

Men hva er grunnen til å skryte av en slik ting? Forkynneren 1:2-3 sier at alt under solen er forgjeves. Akkurat som det har blitt skrevet ned i Salmenes Bok 103:15, *"For menneske er hans dager akkurat som gresset; som en blomst i åkeren, blomstrer han,"* kan det å skryte av denne verden ikke gi oss et riktig verdi eller liv. Men de er heller fiendtlige imot Gud og det vil lede oss til døden. Hvis vi kaster bort meningsløst kjøtt, da vil vi bli fri fra å skryte eller ha begjær og vi vil derfor bare følge sannheten.

1. Korinterne 1:31 forteller oss at han som skryter burde skryte på Herren. Dette betyr at vi ikke burde skryte for å løfte

oss selv opp for Guds ære. Det vil si at vi burde skryte om korset og Herren som reddet oss og angående himmelens kongerike som Han har forberedt for oss. Vi burde også skryte av nåden, velsignelsene, æren og alt det som Gud har gitt oss. Når vi skryter av Herren, da er Gud tilfredstilt med det og Han vil gi oss ting og åndelige velsignelser tilbake.

Menneskers plikter er å ærbødig frykte og elske Gud, og hver persons verdi vil bli bestemt ifølge hvor godt han blir et åndelig menneske (Forkynneren 12:13).

Så fort vi kaster vekk alle syndene og ondskapen, det vil si de kjødlige arbeidene og tingene, og gjenvinner Guds tapte speilbilde, da kan vi komme lenger enn den første mannen Adam, han som var en levende ånd. Dette betyr at vi kan bli åndelige mennesker og mennesker med en fullstendig ånd. Vi må derfor ikke lage noen forholdsregler for kjøttet når det kommer til dens begjær, men bare utsyre oss selv med Kristus.

4. Kapittel

Utenom Nivået til den Levende Ånden

Så snart vi har ødelagt de kjødelige tankene, vil sjelens virksomhet forsvinne, og bare sjelens virksomhet som tilhører ånden vil være igjen.
Sjelen adlyder den ledende ånden fullstendig med et 'Amen'.
Når herren utfører en herres plikt og tjeneren en tjeners plikt,
da sier vi at vår sjel er vellykket.

Selv nyfødte barn er mennesker, men de kan ikke fungere som fullstendige mennesker. De har ingen kunnskap. De kan ikke engang gjenkjenne deres foreldre. De vet ikke hvordan de kan overleve. På samme måte kunne ikke Adam som ble skapt som en levende ånd, fullføre hans plikter som et menneske i begynnelsen. Han ble bare et meningsfylt menneske etter at han ble fylt med kunnskap fra ånden. Han fikk leve som alle skapningers herre i det han lærte om åndens kunnskap fra Gud. På denne tiden var Adams hjerte selve ånden, så de hadde ingen trang til å bruke ordet 'hjerte'.

Men etter at han hadde syndet, døde hans ånd. Kunnskapen om ånden begynte å lekke ut fra ham litt etter litt, og han ble istedenfor fylt med den kjødelige kunnskapen som de fikk ifra fiende djevelen og Satan. Hans hjerte kunne ikke lenger bli kalt 'ånd', og fra da av ble det kalt 'hjerte'.

Adams hjerte ble opprinnelig skapt i Guds speilbilde, Han som er ånden. Adams hjerte kunne også bli forstørret til den grad hvor det ble fylt med åndens kunnskap. Men etter at hans ånd døde, omringet kunnskapen om usannheten ånden, og hans hjertes størrelse fikk nå visse grenser. Gjennom sjelen som ble menneskenes herre, begynte mennesker å sette inn forskjellig slags kunnskap, og de begynte å utnytte slik kunnskap på forskjellige måter. Ifølge de forskjellige kunnskapene og forskjellige måtene å bruke kunnskapen på, begynte menneskenes hjerter å bli mobilisert på forskjellige måter.

Så til og med de som har relativt store hjerter kan fremdeles ikke gå utenfor visse grenser som har blitt satt av enkeltpersons selvgodhet, personlige rammeverk og deres egne teorier. Men så fort vi aksepterer Herren Jesus Kristus, mottar den Hellige Ånd, og frembringer vår ånd gjennom Ånden, da kan vi komme utenom disse menneskenes grenser. Til den grad hvor vi også kultiverer åndens hjerte, kan vi sanse og lære om grensene til det åndelige riket.

Menneskenes Begrensede Hjerte

Når sjelelige mennesker hører på Guds Ord, da blir budskapet først satt inn i hjernen deres, og de vil så bruke menneskelige tanker. På grunn av dette kan de ikke akseptere Hans Ord med hjertene deres. Naturligvis kan de ikke innse de åndelige tingene eller forandre seg selv med sannheten. De vil prøve å forstå det åndelige riket gjennom deres eget begrensede hjerte, og de vi derfor dømme mange. De har også mange misforståelser og fordømmelser om til og med patriarkene i Bibelen.

Når Gud ba Abraham om å offre hans sønn Isak, er det noen som sier at dette måtte ha vært veldig vanskelig for Abraham. De sier noe som: Gud tillot ham å reise i tre dager til Fjellet Moriah for å teste Abrahams tro; og på veien hadde Abraham helt opplagt hatt mye tid til å erfare store smerter idet han tenkte på om han skulle adlyde Guds befaling eller ikke. Men han valgte til slutt å adlyde Guds Ord.

Hadde Abraham egentlig hatt slike problemer? Han dro opp tidlig på morgenen uten å engang sjekke med hans kone, Sarah. Han stolte fullstendig på makten og godheten til Gud, Han som kunne vekke opp de døde. Av denne grunnen kunne han offre sin Isak uten å nøle. Gud så dette indre hjerte og anerkjente hans tro og kjærlighet. På grunn av dette ble Abraham troens far og han ble kalt 'Guds venn'.

Hvis en person ikke forstår hvilket nivå av tro og lydighet som vil tilfredstille Gud, ville han ha misforstått slike ting fordi han ville tenke innenfor hans begrensede hjerte og tro. Vi kan forstå de som elsker Gud på det høyeste og som tilfredstiller Gud til den grad hvor vi kaster våre synder og kultiverer et åndelig hjerte.

For å Bli et Åndelig Menneske

Gud er ånden, og Han vil derfor også at Hans barn skal bli åndelige. Så hva må vi gjøre for å bli et åndelig menneske; som har en ånd som har blitt herre over hans sjel og kropp? Over alt annet må vi bli kvitt de usanne tankene, det vil si de kjødelige tankene, slik at vi ikke vil bli styrt av Satan. Vi må istedenfor høre stemmen fra den Hellige Ånd som rører vårt hjerte gjennom sannhetens Ord. Vi må fullstendig la vår sjel adlyde denne stemmen. Når vi følger Guds Ord, må vi akseptere det med et 'Amen', og be iherdig til vi forstår den åndelige meningen med Hans Ord.

Ved å gjøre dette vil vår ånd bli herren hvis vi mottar den fullendte Hellige Ånd, og vi kan komme inn til den åndelige dimensjonen og kommunikere med Gud hver eneste dag. Når sjelen på denne måten adlyder herren, ånden, og den fullstendig handler som slave, da sier vi at vår sjel 'blomstrer'. Hvis vår sjel blomstrer, da vil vi og så vokse i alle ting, og vi vil holde oss friske.

Hvis vi forstår sjelens virksomhet klart og tydelig og kan overvinne den på en måte som Gud gjerne vil, da vil vi ikke få noen oppfordringer ifra Satan. På denne måten kan vi overvinne Guds tapte speilbilde som Adam hadde mistet på grunn av hans nedgang. Nå kan ordren blant ånden, sjelen, og kroppen bli etablert på en riktig måte, og vi kan bli Guds sanne barn. Da kan vi til og med gå utenom nivået av den levende ånd, det som før hadde vært Adams nivå. Vi vil ikke bare motta myndigheten og makten til å styre over alle ting, men vi vil også kunne nyte evig lykke og glede i det himmelske kongerike, som ligger på et høyere nivå enn Edens Have. Akkurat som det stod i 2. Korinterne 5:17, *"Nei, den som er i Kristus, er en ny skapning. Det gamle er borte, se, det nye er blitt til,"* vi vil bli en fullstendig ny skapning i Herren.

En Levende Ånd og en Kultivert Ånd

Når vi adlyder Guds befalinger som ber oss om ikke å gjøre visse ting og om å holde på visse ting, vil dette bety at vi ikke begår kjødelig arbeide og at vi holder oss selv innenfor sannheten. I den samme utstrekning, vil vi stadig oftere bli åndelige mennesker. Så lenge vi er kjødelige mennesker som praksiserer usannheten, vil vi kanskje ha forskjellige problemer eller bli syke, men så fort vi blir åndelige mennesker, da vil vi blomstre på alle måter og vi vil kunne holde oss friske.

Ettersom vi også kaster vekk ondskap akkurat som Gud ber oss om å kaste vekk visse ting, vil våre 'kjødelige ting' og våre kjødelige tanker revet ned slik at vi vil kunne beholde sjelen som tilhører sannheten. Når vi bare tenker sannferdig, da vil vi høre stemmen til den Hellige Ånd mye tydeligere. Hvis vi fullstendig overholder Guds befalinger som ber oss om å holde på, ikke gjøre, eller kaste bort visse ting, da kan vi bli anerkjent som åndelige mennesker fordi vi ikke ville hatt noen usannhet i oss. Hvis vi også fullstendig fullfører Guds befalinger som ber oss om å gjøre visse ting, da vil vi bli mennesker med en fullstendig ånd.

Det finnes også en stor forskjell mellom disse åndelige menneskene og Adam som før hadde vært en levende ånd. Adam hadda aldri erfart noe kjødelig gjennom den menneskelige kultivasjonen, og han kunne derfor ikke bli sett på som et fullstendig åndelig menneske. Han kunne aldri forstå noe om sorg, smerte, død, eller separasjon på grunn av kjøttet. Dette betyr at han ikke på den annen side kunne ha en sann forståelse eller takknemlighet, eller kjærlighet. Selv om Gud elsket ham veldig mye, kunne han ikke forstå hvor god denne kjærligheten var. Han nøt de beste tingene, men han kunne ikke føle hvor lykkelig han var. Han kunne ikke være Guds sanne barn som kunne dele hans hjerte med Gud. Bare etter at en går gjennom kjødelige ting og vil kjenne dem kan han bli et sant åndelig menneske.

Når Adam var en levende ånd, hadde han ikke erfart noe kjødelig. Han hadde derfor alltid hatt muligheten til å akseptere det kjødelige og det fordervede. Adams ånd var ikke virkelig en fullstendig og perfekt ånd, men en ånd som kanskje ville dø. Det er derfor han ble kaldt et levende vesen, som betyr en levende ånd. Da er det kanskje noen som vil spørre om hvordan en levende ånd kunne akseptere Satans fristelse. La meg gi deg en lignelse på dette.

Forestill deg at det er to veldig lydige barn i en familie. En av dem ble en gang brendt av skoldende vann mens den andre aldri hadde brendt seg. En dag pekte moren på en kjele med kokende vann og ba dem om å ikke røre det. De adlød deres mor vanligvis veldig godt, så ingen av dem vil røre det.

Men en av barna har allerede erfart at en kokende varm kjele er farlig, så han vil villig adlyde. Han forstår også morens kjærlige hjerte som vil prøve å beskytte dem ved å advare dem. På den annen side vil barnet som ikke har hatt en slik erfaring være nysgjerrig når han ser kjelen full av damp. Han kan ikke helt forstå hans mors hensikt. Det er alltid en sjanse for at han vil prøve å røre ved den kokende kjelen på grunn av nysgjerrighet.

Det same gjaldt den levende ånden Adam. Han hørte at synder og ondskap fryktsomme, men han hadde aldri erfart dem. Det fantes ingen vei for at han kunne hatt forstått nøyaktig hva synd og ondskap var. Siden han ikke hadde erfart de realtive tingene, aksepterte han til slutt Satans fristelse gjennom hans egne frie vilje og spiste den forbudne frukten.

I motsetning til Adam som var den levende ånden som aldri forstod relativiteten av de forskjellige ting, ville Gud ha sanne barn, etter å ha erfart det kjødelige, og de som hadde åndelige hjerter, og som aldri ville forandre meningen deres under noen som helste omstendigheter De forstod kontrasten mellom kjøtt og ånd velidg godt. De har erfart synder og ondskap, smerte, og sorg her i verden, så de vet hvor smertefull, skitten, og meningsløst kjøttet er. De kjenner også godt til ånden som er det motsatte av kjøttet. De vet hvor vakker og godt det er. Så med deres egen frie vilje, vil de aldri igjen akseptere kjøttet. Dette er forskjellen mellom den levende ånden og den kultiverte ånden.

En levende ånd ville bare adlyde uforbeholdent mens den kultiverte ånden ville adlyde fra hjertet etter at det hadde erfart både godt og ondt. De åndelige mennesker som også har kastet vekk alle synder og ondskap ville motta velsignelsen om å kunne komme inn til Himmelens tredje kongerike blandt de forskjellige oppholdsstedene i Himmelen og de mennesker som har hele ånden, vil komme inn til byen den Nye Jerusalem.

Åndelig Tro er en Sann Tro

Så fort vi blir åndelige mennesker når vi marsjerer i troen vår, vil vi kunne føle lykken og gleden fra en fullstendig annerledes dimensjon. Vi vil ha sann fred i vårt hjerte. Vi vil alltid juble, be uten stopp, og være takknemlig for alt som i 1. Tessalonikerne 5:16-18. Vi forstår Guds hjerte og vilje som gir oss en sann glede, så vi kan derfor elske Gud med sanne hjerter og takke Ham.

Vi hører at Gud er kjærlighet, men før vi ble åndelige mennesker, kan vi ikke virkelig kjenne til denne kjærligheten. Bare etter at vi forstår Guds forsyn gjennom den menneskelige kultivasjonen, kan vi dypt forstå at Gud er selve kjærligheten og hvordan vi kan elske Ham over alt annet.

Så lenge vi ikke kaster vekk kjøttet fra hjertene våres, er vår kjærlighet og takknemlighet ikke sannferdig. Selv om vi sier at vi elsker Gud og er takknemlig overfor Ham, kan vi forandre retningen på livet vårt når tingene ikke lenger er til noe gagn for oss. Vi sier at vi er takknemlige når ting er gode, men vi vil snart glemme nåden ettersom tiden går. Hvis vi møter vanskelige ting, vil vi bli frustrerte eller til og med sinte istedenfor å tenke på æren. Vi glemmer den takknemligheten og nåden som vi mottok.

Men menneskenes takknemlighet kommer fra dypt inne i deres hjerter, så det vil aldri forandre seg selv etter lang tid. De forstår Guds forsyn som kultiverer menneskene uansett alle de forferdelige smertene som kommer fra den, og de vil også gi en sann takknemlighet fra bunnen av deres hjerte. De vil også virkelig elske og være takknemlige overfor Herren Jesus som tok korset for oss og den Hellige Ånden som førte oss mot sannheten. Deres kjærlighet og takknemlighet vil aldri forandre seg.

Mot Hellighet

Mennesker ble korrupte med synder, men etter at de hadde akseptert Jesus Kristus og mottat nåden av frelse kan de endre seg gjennom troen og makten fra den Hellige Ånd. De kan da gå utenom nivået til den levende ånden. Til den grad hvor usannheten kommer ut fra dem og de istedenfor blir fylt med sannhet, kan de bli åndelige mennesker ved å fullføre helligheten i dem.

I de fleste tilfeller vil mennesker kombinere det de ser gjennom usannheten i dem når de ser onde ting, og de vil derfor føle og tenke gjennom ondskap. På denne måten kan de passe seg at de viser onde gjeringer. Men de som blir reddet er ikke løgnaktige, og de vil derfor ikke komme noen onde tanker eller onde gjerninger fra dem. De ser ikke onde ting i første omgang, men selv om de ser disse tingene, vil ikke disse tingene bli forbundet med onde tanker eller gjerninger.

Det kan virke som om vi har blitt renset hvis vi kultiverer et rent hjerte som ikke har noen flekker eller merker ved å dra ut ondskapen som har blitt plassert dypt inne i hjertet vårt. De som bare har åndelige tanker, det vil si de som bare ser, hører, prater, og handler gjennom sannheten er Guds sanne barn som har gått utenom åndens nivå.

Akkurat som det ble skrevet ned i 1. Johannes 5:18, *"Vi vet at hevr den som er født av Gud, ikke synder. For hans om er født av Gud, bevarer Ham, så den onde ikke kan røre ham,"* er makten syndfri i det åndelige riket. Å ikke ha noen synd er hellighet. Av denne grunnen kan vi overvinne myndigheten som ble gitt til den levende ånden Adam, og seire over og underkue fiende djevelen og Satan til den grad hvor vi kaster bort våre synder.

Så fort vi blir åndelige mennesker da kan ikke djevelen røre oss, og så frot vi blir mennesker med en fullstendig ånd og vil bygge opp godhet og kjærlighet, da vil vi kunne fullføre den Hellige Ånds mektige arbeider og gjøre store og mektige ting.

Vi kan bli åndelige mennesker og ha en fullstendig ånd ved å rense oss (1. Tessalonikerne 5:23). Hvis vi tenker på Gud som kultiverer menneskene, og som har hatt tålmodighet med dem så lenge for at Han kan få sanne barn, da kan vi forstå at de fleste meningsfulle tingene i livet vil være å bli åndelige mennesker og som vil ha den fullstendige ånden.

Del 3

Gjenvinnelse av Ånden

Er Jeg et Kjødelig eller et Åndelig Menneske?

Hvordan er Ånden og den Fullstendige Ånden Forskjellig?

"Jesus svarte: Sannelig, sannelig,
Jeg sier deg: Den som ikke blir født av vann og Ånd,
ikke komme inn i Guds rike.
Det som er født av kjøtt, er kjøtt,
men det som er født av Ånden, er ånd."
- Johannes 3:5-6

1. Kapittel

Ånden og den Fullstendige Ånden

Siden deres ånd er død, vil menenskene trenge frelse.
Vårt kristelige liv er åndens virksomhet som vokser etter
at den har blitt vekket opp.

Hva er Ånd?

For å Gjenvinne Ånden

Oppveksten av Ånden

Kultivasjonen av den Gode Jorden

Sporene av Kjøttet

Beviset på at en Oppholder seg i den Fullstendige Ånden

Velsignelser som ble Gitt til de Åndelige Menneskene og den Fullstendige Ånden

Menneskenes ånd døde på grunn av Adams synder. Fra da av ble sjelene deres herren. De akspeterte hele tiden usannhetene og fulgte deres begjær. De kan til slutt ikke motta frelse. Siden de blir styrt av sjelen som ligger under Satans innflytelse, vil de synde og gå til Helvete. Det er derfor alle menneskene blir reddet. Gud søker etter sanne barn som blir frelst gjennom den menneskelige kultivasjonen, det vil si at Han nemlig søker åndelige mennesker og de som har en fullstendig ånd.

Akkurat som 1. Korinterne 6:17 sier, *"Men den som holder seg til Kristus, blir én ånd med Ham,"* Guds sanne barn er de som holder seg sammen med Jesus Kristus åndelig.

I det vi aksepterer Jesus Kristus begynner vi å leve i sannheten ved hjelp av den Hellige Ånd. Hvis vi lever fullstendig i sannheten, betyr dette at vi har blitt åndelige mennesker som har likt hjerte med Herren. Dette er det samme som når vi er en ånd sammen med Herren. Selv om vi har blitt en ånd, er Guds ånd og menneskenes ånd imidlertid fullstendig forskjellige fra hverandre. Gud er selve ånden uten en fysisk kropp, men menneskenes ånd ligger i den fysiske kroppen. Gud har den åndelige formen som tilhører himmelen, mens mennesker har den åndelige formen som ligner en fysisk kropp og som kommer fra støvet på bakken. Det er helt opplagt en stor forskjell mellom Gud Skaperen og menneskene som er skapninger.

Hva er Ånd?

Mange mennesker tror at ordet 'ånd' er det samme som ordet 'sjel'. *Merriam-Websters Ordbok* sier at ånden er en 'animert eller et livsprinsipp som har blitt holdt for å gi liv til de fysiske organismene, eller en overnaturlig skapning eller vesen'. Men ånden i Guds øyne er noe som aldri dør, aldri forsvinner eller forandrer seg, men som er evig. Det er selve livet og sannheten.

Hvis vi skal finne noe som har åndens egenskaper her på jorden, ville det bli gull. Glitringen vil aldri forandre seg selv etter lang tid, og det vil aldri forsvinne eller endrer seg. Av denne grunnen vil Gud sammenligne vår tro med rent gull og også bygge husene i Himmelen med gull og andre verdifulle edelstener.

Den første mannen, Adam, fikk en del av Gud opprinnelige egenskap når Gud pustet livets åndedrag inn i hans nese. Han ble skapt som en uperfekt ånd. Dette er på grunn av at det fantes den muligheten at han kunne havne tilbake til et kjødelig menneske og få jordens egenskaper. Han var ikke bare 'åndelig'. Han var en levende ånd som er et 'levende vesen'.

Av hvilken grunn skapte Gud Adam som den levende ånd? Dette er fordi Gud ville at Adam skulle gå lenger enn den levende ånds dimensjoner ved å erfare det kjødelige gjennom den menneskelige kultivasjonen for så å bli et menneske med en fullstendig ånd. Dette gjelder ikke bare Adam, men er også tilfelle for alle hans etterkommere. Det var derfor Gud forberedte Frelseren Jesus, og Tjeneren den Hellige Ånd til og med før tidsalderen.

For å Gjenvinne Ånden

Adam oppholdt seg i Edens Have som en levende ånd i en uendelig periode, men til slutt ble hans sammarbeide med Gud stoppet på grunn av hans synd. På den tiden begynte Satan å plante kunnskap med usannhet i ham gjennom hans sjel. I denne prosessen begynte den åndelige kunnskapen som han hadde fått ifra Gud å forsvinne, og den ble erstattet med det kjødelige innholdet som er kunnskapen av usannheten som de får ifra Satan.

Ettersom tiden går vil det kjødelige innholdet som fyller menneske øke. Det usanne omringet og kvelte livets frø i menneske. Det var akkurat som om usannheten ble stengt inne og begrenset livets frø slik at det til slutt ble fullstendig uvirksomt. På det tidspunktet hvor livets frø blir helt uvirksomt, sier vi at ånden er 'død'. Men å si at ånden er død er å si at Guds Lys som kan gjøre livets frø aktivt har forsvunnet. Hvordan kan vi så oppvekke den døde ånden?

Først må vi vært født av vannet og Ånden.

Idet vi hører på Guds Ord som er sannheten og aksepterer Jesus Kristus som vår personlige Frelser, vil Gud gi oss den Hellige Ånd som gave i vårt hjerte. Jesus sa i Johannes 3:5, *"Sannelig, sannelig sier Jeg dere, hvis dere ikke har blitt født ifra vannet og Ånden da kan dere ikke komme inn til Guds kongerike."* Fra dette kan vi se at vi bare kan bli reddet etter at vi har blitt født med vann, det som er Guds Ord, og den Hellige Ånd.

Den Hellige Ånd kommer inn i hjertene våres og får livets frø til å igjen bli aktive. Dette er oppvekkelsen av vår døde ånd. Han hjelper oss med å bli kvitt usannheten, ødeleggel de usanne tingene i sjelen og gir oss kunnskapen om sannheten. Hvis vi ikke mottar den Hellige Ånd, da kan ikke vår døde ånd bli vekket opp, og vi kan heller ikke forstå den åndelige meningen med Guds Ord. Ordet som vi ikke kan forstå kan ikke bli plantet i vårt hjerte og vi kan ikke få en åndelig tro. Vi kan ha en åndelig forståelse og troen til å tro ifra hjertet bare med hjelp fra den Hellige Ånd. Sammen med dette kan vi motta styrken til å praksisere Guds Ord og leve etter det når vi ber. Uten Hans hjelp gjennom beding, finnes det ingen styrke til å praksisere Ordet.

For det andre må vi hele tiden fortsette med å bli åndelige gjennom Ånden.

Så fort vår døde ånd har blitt vekket opp av den Hellige Ånd, må vi fortsette med å fylle ånden vår med sannhetens kunnskap. Dette er å skape ånden gjennom Ånden. Når vi ber iherdig ved hjelp av den Hellige Ånd og for å kjempe imot synder helt til vi begynner å blø, da vil ondskapen og usannheten i hjertet forsvinne. Og til vi i den grad akspeterer kunnskapen om sannheten som vi får ifra den Hellige Ånd som for eksempel kjærlighet, godhet, sannferdighet, ydmykhet og svakhet, vil vi bare få mer og mer godhet i vårt hjerte. Å akseptere sannheten gjennom den Hellige Ånd betyr med andre ord å vende om stegene som blir tatt i prosessen hvor mennesker har blitt korrupte siden Adams nedgang.

Men det er mennesker som har mottat den Hellige Ånd, men som ikke endrer hjertene deres. De følger ikke ønskene til den Hellige Ånd, men de vil istedenfor fortsette å leve i syndene og følge kjøttets ønsker. Først vil de prøve å kaste bort syndene, men fra et visst tidspunkt vil de bli lunkne i troen deres og stoppe med å kjempe imot syndene. Fra det øyeblikket hvor de stopper med å kjempe imot syndene, vil de bli venner med verden eller synde. Hjertene deres som bare ble mer og mer rent og hvitere ble igjen flekket med synd. Selv om vi har mottat den Hellige Ånd, kan frøet inne i oss ikke få styrke hvis vårt hjerte hele tiden er full av usannhet.

1. Tessalonikerne 5:19 advarer oss ved å si, *"Du skal ikke undertrykke Ånden."* Vi vil kanskje nå et nivå hvor vi har et navn som sier at vi lever, men så lenge vi ikke forandrer oss etter

at vi mottar den Hellige Ånd, da dør vi (Johannes' åpenbaring 3:1). Så selv om vi har mottat den Hellige Ånd, vil denne Hellige Ånden gradvis bli slukket hvis vi fortsetter å leve i synd og ondskap.

Vi må derfor hele tiden prøve å forandre hjertene våres til det blir et fullstendig sant hjerte. I 1. Johannes 2:25 står det, *"Dette er løfte som Han Selv lovte oss: evig liv."* Ja, Gud har gitt oss et løfte. Men det er en tilstand som henger ved det.

Denne tilstanden er at vi burde samle oss sammen med Herren og Gud ved å praksisere Guds Ord som vi har hørt for at Gud kan gi oss et evig liv. Vi kan ikke motta frelse selv om vi sier at vi tror på Herren hvis vi ikke lever for Gud og Herren.

Oppveksten av Ånden

Johannes 3:6 sier, *"Det som er født av kjøtt, er kjøtt, men det som er født av Ånden, er ånd."* Akkurat som det stod kan vi ikke føde ånden så lenge vi holder oss i det kjødelige.

Så ånden må derfor fortsette å vokse så fort vi har mottat den Hellige Ånden og vår døde ånd har blitt gjenopplivet. Hva hvis et barn ikke vokser riktig eller kanskje ikke vokser lenger i det hele tatt? Barnet ville ikke kunne leve et normalt liv. Det samme gjelder det åndelige livet. De av Guds barn som har fått liv må fortsette med å øke troen deres og få deres ånd til å vokse.

Bibelen forteller oss at hver persons måling av troen er forskjellig (Romerne 12:3). I 1. Johannes 2:12-14 har det blitt skrevet om de forskjellige tros nivåene, og kategorisert dem inn i spedbarn, barn, ungdom, og fedre:

> *Dere barn, jeg skriver til dere fordi dere har fått syndene tilgitt for Hans navns skyld. Dere fedre, jeg skriver til dere fordi dere kjenner Ham som er fra begynnelsen av. Dere unge, jeg skriver til dere fordi dere har seiret over den onde. Ja, barn, jeg har skrevet til dere fordi dere kjenner Far. Dere fedre, jeg har skrevet til dere fordi dere kjenner Ham som er fra begynnelsen av. Dere unge, jeg har skrevet til dere fordi dere er sterke: Guds ord blir værende i dere, og dere har seiret over den onde.*

Til den grad hvor vi endrer oss selv for å få et sant hjerte, vil Gud gi oss troen ovenfra. Dette er troen som vi kan tro på i vårt hjerte, som er 'å føde ånden gjennom Ånden'. Det er dette den Hellige Ånden gjør: den Hellige Ånden tillater oss å føde ånden og hjelper oss med å få mer tro. Den Hellige Ånd kommer inn i hjertene våres og lærer oss om synden, rettferdigheten, og dommen (Johannes 16:7-8). Han hjelper oss med å ha tro på Jesus Kristus.

Han hjelper oss også med å forstå den åndelige meningen som ligger i Guds Ord og til å akseptere det med vårt hjerte. I denne prosessen kan vi gjenvinne Guds speilbilde og bli Hans sanne barn, de som er åndelige mennesker og som har den fullstendige ånden.

For at vår ånd kan ble eldre, må vi først ødelegge våre kjødelige tanker. Kjødelige tanker blir dannet når usannheten i hjertene våres kommer ut gjennom sjelens usanne virksomhet. Hvis du for eksempel har ondskap i hjertet ditt og hvis du hører at noen sladret om deg, ville du først og fremst ha usanne virksomheter i sjelen. Du ville ha kjødelige tanker når du tenkte på at denne personen er frekk, og du vil bli fornærmet og andre negative følelser vi også oppstå.

På dette tidspunktet er det Satan som styrer sjelen. Det er Satan som setter inn de onde tankene. Gjennom disse sjelelige virksomhetene, blir usannheten i hjertet som for eksempel de kjødelige tingene som sinne, hat, sterke følelser, og stolthet opphisset. Istedenfor å prøve å forstå hverandre, vil du heller konfrontere denne personen med det samme.

Disse kjødelige tingene som vi pratet om tidligere tilhører også de kjødelige tankene. Hvis ens selvgodhet, selvdannethet, eller ens egne teorier kommer ut gjennom sjelens virksomhet, vil også disse være kjødelige ting. Forestill deg at en person har et slags tenkende rammeverk hvor han tror at det er riktig å ikke kompromittere i troen. Da ville han bare fortsette med å tenke at hans ideer er riktige og bryte freden med andre selv i situasjoner hvor han burde kikke på andres trosnivå og andre omstendigheter. Hva hvis også en person har en tanke om et visst emne og tror at det vil være vanskelig å oppnå noe når en kikker på situasjonens virkelighet. Da blir også dette sett på som jødelige tanker.

Selv etter at de har mottat den Hellige Ånd ved å akseptere

Herren Jesus, har vi fremdeles kjødelige tanker helt til den grad hvor vi har kjøtt som vi ikke ennå har blitt kvitt. Vi har åndelige tanker når vi henter den sanne kunnskapen som er Guds Ord, men vi har kjødelige tanker når kunnskapen om usannheten blir gjenopprettet. Den Hellige Ånd kan ikke mobilisere den sanne kunnskapen på samme måte som vi har disse kjødelige tankene.

Det er derfor Romerne 8:5-8 sier, *"De som lever slik kjøttet vil, er bare opptatt av det som hører mennesker til. Men de som lever etter Ånden, er opptatt av det som hører Ånden til. For det kjøttet vil, er død, men det Ånden vil, er liv og fred. Derfor er det som kjøttet vil, fiendskap mot Gud, for det bøyer seg ikke under Guds Lov og kan heller ikke gjøre det. De som kjøtt og blod har makten over, kan ikke være til glede for Gud."*

Dette sitatet antyder at vi bare kan oppnå åndens nivå når vi stopper våre kjødelige tanker. De som holder seg i kjøttet kan ikke hjelpe for at de har kjødelige tanker, og på grunn av dette har de tanker, ord, og oppførsler som går imot Gud.

En av de tydelige eksemplene med å stå opp imot Gud på grunn av kjødelige tanker er Kong Saulus tilfelle i 1. Samuel 15. kapittel. Gud befalte ham om å angripe Amalek og ba ham om å ødelegge alt. Dette var en del av straffen som de fikk for at de hadde stått opp imot Gud i stor grad tidligere.

Men etter at Saulus vant kampen, brakte han det gode buskapet og sa at han ville gi det til Gud. Han tok også kong Amalek til fange istedenfor å ødelegge ham. Han ville vise alle hans arbeide. Han lød ikke fordi han hadde kjødelige tanker som kom fra hans grådighet og arroganse. Akkurat som hans øyne ble blinde på grunn av hans grådighet og arroganse, fortsatte han å bruke hans kjødelige tanker og møtte til slutt en grusom død.

Den fundamentale årsaken med å ha kjødelige tanker er at vi har usannhet i hjertene våres. Hvis vi bare har kunnskapen om sannhet i hjertet vårt, da kan vi aldri ha kjødelige tanker. De som ikke har noen kjødelige tanker vil naturligvis bare ha åndelige tanker. De adlyder stemmen og ledelsen fra den Hellige Ånd, slik at de kan bli elsket av Gud og erfare Hans arbeide.

Så dette betyr at vi iherdig må kaste vekk usannheten og fylle oss selv med kunnskapen om sannheten, som er Guds Ord. For å fylle oss selv med kunnskap om sannheten betyr ikke bare at vi kjenner til det i vårt hode, men vi må fylle og kultivere våre hjerter med Guds Ord. Vi må samtidig bytte ut våre tanker med åndelige tanker. Når vi påvirker hverandre eller ser visse begivenheter, burde vi ikke dømme og fordømme deet gjennom vårt eget synspunkt, men vi må prøve å se dem gjennom sannheten. Vi må hele tiden sjekke om vi har behandlet andre med godhet, kjærlighet, og sannferdighet hver eneste gang, slik at vi kan forandre oss. På denne måten kan vi vokse opp åndelig.

Kultivasjonen av den Gode Jorden

Salomos ordspråk 4:23 sier, *"Bevar ditt hjerte framfor alt du bevarer, for livet går ut fra det."* Det sier at livets kilde som gir oss evig liv kommer ifra hjertet. Vi kan bare høste inn frukten etter at vi sår frøene i jorden slik at de kan spire, blomstre, og få mange frukter. På mye av den samme måten kan vi bære på de åndelige fruktene bare etter at frøet fra Guds Ord faller inn i vårt hjerte.

Guds Ord som er livets kilde, har to forskjellige funksjoner når det blir sådd inn i hjertet. Det pløyer ut syndene og usannhetene fra vårt hjerte, og det vil hjelpe med å bære frukt. Bibelen inneholder mange befalinger, men befalingene faller under en av fire kategorier: Gjøre; ikke gjøre; beholde; og kaste bort visse ting. Bibelen forteller oss for eksempel og 'kaste bort' grådighet og all form for ondskap. Og eksempler på ting som du 'Ikke må gjøre' kan være 'du må ikke hate', eller 'du må ikke dømme'. Når vi adlyder disse befalingene, da vil syndene bli dratt ut av vårt hjerte. Dette betyr at Guds Ord vil komme til vårt hjerte og vil kultivere vårt hjerte til en god jord.

Men det ville være ubrukelig hvis vi stopper etter at vi har pløyet jorden. Vi må så frøene fra sannheten og godheten i den pløyde åkeren slik at vi kan høste inn de ni fruktene fra den Hellige Ånd, og holde på velsignelsene fra saligprisningene og den åndelige kjærligheten. Å bære fruktene er å adlyde befalingene som ber oss om å holde på og gjøre visse ting. Idet vi beholder og praksiserer Guds befalinger vil vi til slutt bære fruktene.

Prosessen om å bli et åndelig menneske, som det ble pratet om i den første delen av dette kapittelet om 'Kultivasjon', er det samme som å kultivere åkeren i vårt hjerte. Vi vil vende den ukultiverte åkeren til en åker med god jord ved å pløye jorden, ta ut steinene, og dra ut ugresset. På samme måte må vi kaste vekk alt det kjødlige arbeidet og de kjødelige tingene for å kunne adlyde Guds Ord som ber oss om og 'Ikke gjøre', og 'Kaste vekk' visse ting. Hver person har en annerledes slags ondskap. Så hvis vi drar ut roten av ondskapen som vi finner er mest vanskelig å kaste vekk, da vil alle annen ondskap som er festet til det også bli borte. Hvis en person som har mye sjalusi viser hans sjalusi, da vil annen form for ondskap som er festet til det som for eksempel hat, sladder, og falskhet bli dratt ut sammen med det.

Så fort vi drar ut de store røttene med sinne, da vil også andre former for ondskap som irritasjon og frustrasjon også bli dratt ut. Hvis vi ber og prøver å kaste bort sinne, da vil Gud gi oss nåde og styrke og den Hellige Ånd vil hjelpe oss å kaste det bort. Idet vi fortsetter med å sette sannhetens Ord i vårt daglige liv, vil vi få den fulstendige Hellige Ånd, og makten av det kjødelige vil bli svekket. Hva hvis en ble sint ti ganger om dagen, men når hyppigheten blir redusert til ni ganger, sju ganger, og fem ganger, vil den til slutt forsvinne. Ved å gjøre dette, vil hjerte bli 'åndelig' hvis vi omvender vårt hjerte til en god jord ved å kaste bort alle de syndige egenskapene.

På toppen av dette må vi plante sannhetens Ord som ber oss om å gjøre og beholde visse ting, som for eksempel kjærlighet, tilgivelse, tjene andre, og holde Sabbaten hellig. Vi vil ikke her begynne med å fylle oss selv med sannhet rett etter at vi har kastet vekk alle løgnene. Å kaste vekk løgnene og erstatte dem med sannhetene må alt bli gjort samtidig. Så snart vi bare sitter med sannheten i vårt hjerte gjennom denne prosessen, kan vi bli sett på som å ha blitt et åndelig menneske.

En av tingene som vi har kastet vekk for å bli et åndelig menneske er djevelen som ligger inne i vår opprinnelige natur. For å sammenligne det med jord, er disse onde opprinnelige egenskapene akkurat som jordens egenskaper. Disse ondskapene kan bli gå i arv fra foreldrene til barna gjennom livsenergien eller kaldt 'chi'. Hvis vi også kommer i kontakt med og aksepterer onde ting under oppveksten, da vil vår natur bare bli ondere. Ondskapen i vår opprinnelige natur kan ikke bli avslørt i vanlige omstendigheter, og det er vanskelig å forstå dette.

Så selv om vi har kastet vekk alle våre synder og ondskap som er synlig på utsiden, er det ikke lett å kaste bort den ondskapen sm ligger dypt inne i vår natur. For å kunne gjøre dette må vi be ivrig og bruke energi på å finne det og så kaste det bort.

I noen tilfeller har vi en avbrytelse i vår åndelige vekst etter at vi har kommet til et visst punkt. Dette er på grunn av ondskapen i vår natur. For å fjerne ugress, må vi dra dem ut ved røttene, og ikke bare bladene og stammene. Vi kan på samme måte bare ha et åndelig hjerte etter at vi innser og kaster vekk ondskap i vår natur. Så fort vi på denne måten blir et åndelig menneske på denne måten, da vil vår samvittighet bli selve sannheten, og vårt hjerte vil bli fylt med bare sannhet. Dette betyr at vårt hjerte vil bli selve ånden.

Sporene av Kjøttet

Åndelige mennesker har ingen ondskap i hjertet, og siden de er fulle av den Hellige Ånd vil de alltid være lykkelige. Men dette er ikke noe fullstendig. De vil fremdeles vise 'spor av kjøtt'. Spor av kjøtt er forbundet med personlihetene eller hver persons opprinnelige natur. Noen er for eksempel sannferdige og rettferdig og rett frem, men de mangler sjenerøsitet og medlidenhet. Noen andre vil kanskje være fulle av kjærlighet og nyte det å gi til andre, men de er kanskje altfor følsomme eller ordene deres og deres oppførsel vil knskje være harde.

Fordi disse egenskapene sitter inne som kjødelige spor i deres personlighet, vil disse fremdeles påvirke dem selv etter at de har kommet inn til ånden. Det er i stor likhet med klær som har gamle flekker. En kan ikke få igjen den opprinnelige farven av stoffet selv om vi vasker dem iherdig. Disse kjødelige sporene kan bli sett på som onde, men vi må kaste dem bort og fylle oss fullstendig med de ni fruktene til Ånden, som vil gjøre det mulig for oss å komme inn til den fullstendige ånden. Vi kan si at et hjerte som ikke har noen løgner i det hele tatt og som ligner en godt pløyet åker, er 'åndelig'. Når frø blir sådd i den godt kultiverte hjerte åkeren og det kommer vakre åndelige frukter, da kan vi se på dette hjertet som en 'fullstendig ånd'.

Når Kong David ble åndelig, bevilget Gud ham en prøvelse. En dag ba David Joab om å gjøre en folketelling. Dette betyr at vi teller hvor mange mennesker som kunne dra i krig. Joab visste at dette ikke var riktig i Guds øyne og prøvde å fraråde David med å gjøre det. Men David ville ikke høre på ham. På grunn av dette kom Guds vrede, og det var så mange mennesker som døde av pest.

David kjente til Guds vilje veldig godt, så hvordan kunne han ha forårsaket at noe slikt skulle skje? David hadde blitt forfulgt av Kong Saulus i lang tid og slåss i mange kamper sammen med Hedningene. Han ble på et tidspunkt forfulgt og hans kone ble truet av hans egen sønn. Men etter at det hadde gått lang tid, ble han veldig kraftløs idet hans tanker falt til ro idet hans politiske karriere hadde blitt veldig solid og makten til hans nasjon vokste. Han ville nå gjerne skryte av hvor mange mennesker de hadde i landet.

Allurat som det stod i 2. Mosebok 30:12, *"Når du holder manntall over isralittene, skal alle som telles, gi Herren løsepenger for sitt liv, så det ikke kommer noen ulykke over dem fordi de telles,"* befalte Gud isralittene om å telle opp folket etter Eksodus, men det var for å organisere disse menneskene. De måtte hver gi løsepenger fra seg selv til HERREN, og det var for å få dem til å huske at alle menneskeres liv eksisterte gjennom Guds beskyttelse slik at de ville holde seg ydmyket. Å ha en folkeopptelling er ikke i seg selv en synd; det kan bli gjort når det er nødvendig. Men Gud ville at de skulle være ydmykhe overfor Ham ved å anerkjenne det faktum at makten i mange mennesker kommer ifra Gud.

Men David tok en folkeopptelling selv om Gud ikke hadde bedt om det. Dette var i bunn og grunn fordi han ikke stolte på

Gud, men menneskene, for det å ha mange mennesker betydde å ha en stor hær og at hans nasjon var sterk. Når David ble klar over hans feil, angret han med det samme, men han var allerede på veien mot store prøvelser. Hele Israel fikk pest og mer enn 70.000 mennesker døde med det samme.

Det er selvfølgelig ikke bare på grunn av Davids arroganse at så mange mennesker døde. En konge kan ta en folkeopptelling når som helst, så hans hensikt var ikke syndig. Fra menneskenes synspunkt kan vi derfor ikke si at han syndet. Men i Guds perfekte synspunkt, vil Han kanskje si at David ikke fullstendig stolte på Gud og at han var arrogant.

Det er enkelte ting som ikke kan bli sett på som ondskap i menneskenes øyne, men i øynene til den perfekte Gud kan det bli sett på som ondskap. Dette er 'sporene av kjøttet' som er igjen etter at en har blitt renset. Gud tillot at Israel fikk en slik prøvelse gjennom David for å kunne gjøre ham mer perfekt ved å fjerne slike kjødelige spor. Men den fundamentale grunnen til at Israel fikk pesten, var på grunn av at menneskenes synder opphisset Guds vrede. 2 Samuel 24:1 sier, *"Enda en gang ble Herren brennende harm på Israel. Han egget David opp imot dem og sa til ham: 'Gå og hold folketelling i Israel og Juda!'"*

Så de gode menneskene som kunne bli frelst fikk så ikke straffen med pest. De som døde var de som hadde syndet slik at de ikke lenger var akseptable overfor Gud. Men for David skyld sørget han veldig mye og angret forferdelig når han så alle menneskene dø på grunn av hans oppførsel. For Gud arbeidet

Han to ganger, men gjennom en enkelt begivenhet. Han straffet de syndige menneskene og renset samtidig David.

Etter straffen, lot Gud David gi en syndeoffring ved dørterskelen til Araunah. David gjorde hva Gud ba ham om å gjøre. Han tok stedet og begynte å forberede oppbyggelsen av Tempelet, så vi kan se at han fikk tilbake Guds nåde. Gjennom denne prøvelsen ydmykte David seg selv mer og dette var et steg for ham å kunne komme inn til den fullstendige ånden.

Beviset på at en Oppholder seg i den Fullstendige Ånden

Hvis vi oppnår den fullstendige åndens nivå, vil det vise seg bevis, som betyr at vi vil bære massevis av frukt fra ånden. Men dette betyr ikke at vi ikke vil bære noen frukt til vi når nivået til den fullstendige ånden. Åndelige mennesker i gang med å bære fruktene fra den åndelige kjærligheten, Lysets frukt, de ni fruktene fra den Hellige Ånd og Saligprisningene. Siden de holder seg fremdeles i prosessen med å bære frukt, har de ikke fullstendig gitt disse fruktene. Hvert eneste ådelige menneske har forskjellige nivåer når en prater om å bære åndelig frukt.

Hvis en for eksempel adlyder Guds bønn som ber oss om å 'holde på' og 'kaste vekk' visse ting, ville han ikke ha noe hat eller dårlige følelser i noen situasjoner. Men det vil være forskjeller med det å bære frukt blant forskjellige åndelige personer, når det kom til Guds befaling som ber oss om å 'gjøre' visse ting. Gud vil for eksempel be oss om å 'elske'. Og det finnes et nivå hvor du simpelthen ikke hater andre mens det er et annet nivå hvor du kan røre ved andres hjerter ved å hele tiden etjene andre. Det finnes også et nivå hvor du kan til og med gi ditt liv for andre. Når en slik gerning aldri blir annerledes og perfekt, da kan vi si at du har kultivert hele ånden.

Det finnes også forskjell blandt hver og en når en måler frukt bæringen fra den Hellige Ånd. I tilfelle med åndelige mennesker, kan en bære en viss frukt, helt opp til 50% av den fullstendige målestokken og en annen frukt opp til 70%. En vil kanskje ha massevis av kjærlighet, men vil mangle selvbeherskelse, eller ha mye trofasthet, men mangle ydmykhet.

Men for mennesker som har den fullstendige ånden, vil de bære hver av fruktene fra den Hellige Ånd i den høyeste grad. Den Hellige Ånd rører ved og styrer hjertet deres 100%, slik at de alltid kan ha harmoni uten å mangle noe i det hele tatt. De har den brennende lidenskapen for Herren mens de har den perfekte selvbeherskelsen for å oppføre seg riktig i hver enkelt situasjon.

De er behagelige og lette akkurat som et stykke bomull, men de har fremdeles en verdighet og myndighet som en løve. De har kjærligheten for å søke etter andres gagn i alle ting og til og med offre deres egne liv for andre, men de har ikke noen forkjærlighet. De adlyder Guds rettferdighet. Til og med når Gud ber dem om å gjøre noe som er umulig gjennom menneskenes dyktigheter, vil de bare adlyde med et 'Ja' og 'Amen'.

På utsiden vil kanskje de lydige gjerningene for både åndelige mennesker og mennesker som har den fullstendige ånden likne hverandre, men de er egentlig forskjellige. Åndelige mennesker adlyder fordi de elsker Gud mens mennesker som har den fullstendige ånden adlyder fordi de forstår Guds dype hjerte og Hans hensikt. Mennesker med en fullstendig ånd har blitt Guds sanne barn som har Hans hjerte, og som har nådd Kristus fullstendige målestokk i hver eneste ting. De søker etter frelse i alt og holder fred med alle og er trofaste i alle Guds hus.

I 1. Tessalonikerne 4:3 står det, *"For dette er Guds vilje, din frelse; det vil si at du vil holde deg vekk ifra erotisk umoral."* Og i 1. Tessalonikerne 5:23 står det, *"Må Han, fredens Gud, hellige dere helt igjennom, og må deres ånd, sjel og kropp bli bevart uskadet, så dere ikke kan klandres for noe når vår Herre Jesus Kristus kommer."*

Nedkomsten av vår Herre Jesus Kristus betyr at Han vil komme for å ta Hans barn før den Sju År Store Motgangen. Dette betyr at vi må oppnå nivået til den fullstendige ånden og ta vare på oss selv fullstendig for å kunne møte Herren før dette skjer. Så fort vi oppnår den fullstendige ånden, vil vår ånd, vår sjel og kropp tilhøre ånden, og siden vi er uklanderlige kan vi motta Herren.

Velsignelser som ble Gitt til de Åndelige Menneskene og den Fullstendige Ånden.

For åndelige mennesker vil ha blomstrende ånder, slik at alle ting vil blomstre med dem og de er friske (3. Johannes 1:2). De har kastet vekk all ondskapen som lå dypt inne i deres hjerte, så de er nå Guds virkelige sanne barn. Så de kan nå nyte den åndelige myndigheten som Lysets barn.

Først vil de være friske og de vil ikke bli syke. Så fort vi kommer inn til ånden vil Gud beskytte oss ifra sykdommer og ulykker, og vi kan nyte et godt liv. Selv når vi blir eldre, vil vi ikke bli svakere, og vi vil ikke noen flere rynker. Og hvis vi også kommer inn til den fullstendige ånden, da vil til og med rynkene rette seg ut. De vil bare bli yngre og få igjen deres styrke.

Når Abraham bestod prøven ved og offre Isak, havnet han inn i den fullstendige ånden; han fikk barn selv etter at han hadde blitt 140 år gammel. Dette betydde at han ble ung igjen. Moses var også mer ydmyk og føyelig enn noe annet menneske her på jorden, og han arbeidet derfor veldig iherdig i 40 år etter at han hadde mottat Guds tilkallelse når han var 80 år gammel. Til og med etter at han var 120 år gammel, *"hans øyne var ikke uklare, og hans energi avtok ikke"* (Femte Mosebok 34:7).

For det andre har åndelige mennesker ingen ondskap i hjertet deres, slik at fiende djevelen og Satan ikke kan gi dem noen prøvelser eller tester. 1. Johannes 5:18 sier, *"Vi vet at hver den som er født av Gud, ikke synder. For hans om er født av Gud, bevarer Ham, så den onde ikke kan røre ham."* Fiende djevelen og Satan anklager kjødelige menensker og vil gi dem prøvelser og tester.

Job var i begynnelsen på et sted hvor han måtte kaste vekk all ondskapen fra hans natur, så når Satan anklaget ham overfor Gud, kunne Gud tillate prøvelser. Job innså hans ondskap og angret mens han gikk gjennom disse prøvelsene som kom over ham på grunn av Satans anklagelser. Men etter at han kastet vekk ondskapen i hans natur og kom inn til ånden, kunne Satan ikke lenger anklage Job. Så Gud velsignet ham dobbelt så mye for hva han før hadde hatt.

For det tredje vil åndelige mennesker tydelig høre stemmen og motta ledelsen fra den Hellige Ånd, slik at de blir ledet mot velstand i alle ting. For åndelige mennesker har deres hjerte blitt endret til et sant hjerte, slik at de egentlig lever etter Guds Ord. Alt det de gjør følger sannheten. De mottar klar anmodning fra den Hellige Ånd og vil så adlyde det. Og hvis de også ber om at noe skal skje, da vil de leve med uforandret tro helt til de får svar på deres bønner.

Hvis vi hele tiden adlyder på denne måten, da vil Gud lede oss og gi oss visdom og forståelse. Hvis vi fullstendig forlater alt i Guds hender, da vil Han beskytte oss selv om vi ved en feilitagelse går en vei som ikke svarer til Hans vilje; selv om det blir satt opp et hull for oss, vil Han få oss til å gå rundt eller arbeide for alt det gode.

For det fjerde vil åndelige mennesker motta alt det de spør

om. De kan til og med motta svar bare ved å oppbevare noe i hjerte. 1. Johannes 3:21-22 sier, *"Mine kjære, dersom vårt hjerte ikke fordømmer oss, kan vi være frimodige overfor Gud. Og det vi ber om, får vi av Ham. For vi holder Hans bud og gjør det som er godt i hans øyne."* Denne velsignelsen vil vi få.

Selv de som ikke har noen spesielle ferdigheter eller kunnskaper kan motta ikke bare de åndelige velsignelsene, men også de materialistiske velsignelsene i overflod bare hvis de kommer inn til ånden, for Gud vil forberede alt for dem og lede dem.

Når vi sår og spør om ting gjennom troen, da vil vi tydelig motta velsignelsen, men så fort vi kommer inn til ånden, vil vi kunne høste mer enn 30 ganger mer, og etter at vi har havnet inn i den fullstendige ånden, vil vi kunne høste 60 eller 100 ganger mer. Disse åndelige menneskene og de som har den fullstendige ånden kan motta nesten alt bare ved å oppbevare det i hjerte.

Velsignelser som ble gitt til menneskene som hadde den fullstendige ånden kan ikke bli beskrevet tilstrekkelig. De gleder Gud og Gud gleder så dem, og akkurat som det ble skrevet ned i Salmenes bok 37:4, *"Gled deg selv over Herren; og Han vil gi deg det du ønsker,"* Gud vil fra Hans side gi dem alt det de trenger, samme om det gjelder penger, berømmelse, myndighet, eller sunnhet.

Slike mennesker vil ikke kunne føle noe, og de har heller ikke virkelig noe å be for på et personlig nivå. Så de vil alltid be for Guds rettferdige komgerike og for sjelene som ikke kjenner Gud.

Bønnene deres er vakre, og en tykk aroma for Gud for deres bønner er godt og har ingen ondskap og er for sjelene. Gud er derfor veldig lykkelige med dem.

Når de som har kommet inn til den fullstendige ånden, elsker sjelene og oppbevarer iherdige bønner, da kan de åpenbare utrolig makt akkurat som Apostlenes Gjerninger 1:8, *"Men dere skal få kraft når den Hellige Ånd kommer over dere, og dere skal være mine vitner i Jerusalem og hele Judea, i Samaria og helt til jordens ender."* Akkurat som det har blitt forklart, vil åndelige mennesker og de som har den fullstendige ånden, elske Gud mer enn noe annet og de vil tilfredstille Gud og motta alle velsignelsene som de har blitt lovet i Bibelen.

2. Kapittel

Guds Opprinnelige Plan

Gud ville ikke at Adam skulle leve i all evighet uten å kjenne til den sanne lykken, gleden, takknemligheten, og kjærligheten.
Det var på grunn av dette at Han satte treet med kunnskapen om godt og ondt på et slikt sted slik at Adam til slutt kunne erfare alle de kjødelige tingene.

Hvorfor Skapte Ikke Gud Åndelige Mennesker?

Betydningen av Fri Vilje og Beholde det i Tankene

Hvorfor Menneskene ble Skapt

Gud Ville Gjerne Motta Ære fra de Sanne Barna

Menneskelig kultivasjon er en prosess hvor kjødelige mennesker blir omgjort til åndelige mennesker. Hvis vi ikke forstår dette faktum og bare går i kirken, har dette ingen mening. Det finnes mange mennesker som går i kirken, men som ikke har blitt født på ny gjennom den Hellige Ånd, og de vil derfor ikke ha noen forsikring om frelse. Grunnen til at en må leve et kristelig liv gjennom troen er ikke bare for å motta frelse, men det er også for å gjenvine Guds speilbilde og dele vår kjærlighet med Gud og gi Ham ære i all evighet som Hans sanne barn.

Hva var så Guds opprinnelige hensikt med å skape Adam som en levende ånd og lede menneskenes kultivasjon her i verden? Første Mosebok 2:7-8 sier, *"Da formet HERREN Gud menenske fra støvet på bakken, og pustet livets ånde inn i hans nesebor; og menneske ble så et levende menneske. HERREN Gud hadde plantet en have imot øst, i Eden; og der plasserte Han mannen som Han hadde formet."*

Gud skapte himlene og jorden mest gjennom Hans Ord. Men i menneskets tilfelle, formet Han ham med Hans egne hender.

De himmelske vertene og englene i Himmelen ble også alle skapt som ånder. Selv om det også var meningen at menneske før eller siden skulle leve i Himmelen, var ikke dette tilfelle med dem. Hva er grunnen til at Gud påtok seg slik en vanskelig prosess med å skape menneske fra støvet på bakken? Hvorfor skapte Ham dem ikke bare som ånder i første omgang? Her ligger det en spesiell plan for Gud.

Hvorfor Skapte Ikke Gud Åndelige Mennesker?

Hvis Gud hadde skapt menneskene som ånder og ikke bare fra støvet på bakken, da ville mennesker ikke kunnet ha erfare noe av det kjødelige. Hvis de bare hadde blitt skapt som ånd, ville de ha adlødet Guds Ord og ville aldri ha spist frukten ifra treet med kunnskapen om godt og ondt. Egenskapen med jorden kan bli endret ifølge hva en legger i den. Grunnen til at Adam kunne bli bedervet selv om han oppholdt seg på et åndelig sted, var på grunn av at han kom fra støvet på bakken. Men dette betyr ikke at han var bedervet helt fra begynnelsen.

Edens Have er et åndelig sted som er fylt med Guds energi, og det var derfor umulig for Satan å plante noen kjødelige egenskaper i Adams hjerte. Men siden Gud ga Adam fri vilje, kunne han akseptere kjøtt hvis han ønsket og var villig til det. Selv om han var en levende ånd, ville han få kjødelige ting hvis han villig aksepterte kjøttet. Etter at det hadde gått mange år, åpnet han sitt hjerte mot Satans fristelse og aksepterte kjøttet.

Det faktum at Gud ga mennesker fri vilje i første omgang var for menneskenes kultivasjon. Hvis Gud ikke hadde gitt Adam fri vilje, ville Adam ikke ha akseptert noe kjødelig i det hele tatt. Dette betyr også at den menneskelige kultivasjonen aldri ville ha funnet sted. I Guds forsyn om menneskene, måtte den menneskelige kultivasjonen finne sted, og i Hans allvitenhet, skapte ikke Gud Adam som et åndelig menneske.

Betydningen av Fri Vilje og Beholde det i Tankene

1. Mosebok 2:17 sier, *"...men fra treet med kunnskapen om det gode og det onde skal du ikke spise, for den dagen du spiser dette, vil du med sikkerhet dø."* Akkurat som det ble forklart fantes det et dypt forsyn i Gud når Han skapte Adam fra støvet på bakken og ga ham fri vilje. Dette var for menneskenes kultivasjon. Mennesker kan vise seg som Guds sanne barn bare etter at de har gått gjennom prosessen angøende den menneskelige kultivasjonen.

En av grunnene til at Adam ble syndig var fordi han hadde hatt fri vilje, men den andre grunnen var fordi han ikke hadde holdt Guds Ord i tankene. Å holde på Guds Ord er å gravere Hans Ord i hans hjerte og praksisere det uten noen endring.

Noen mennesker fortsetter med å gjøre den samme feilen mens andre ikke gjør den samme feilen to ganger. Dette kommer fra forskjellen om å holde på noe i tankene og å ikke holde på noe. Adam ble syndig fordi han ikke visste hvor viktig det var å holde på Guds Ord i hans sinn. På den annen side, kan vi gjenvinne åndens tilstand ved å holde på Guds Ord i våre sinn og så adlyde det. Det er på grunn av dette at det er viktig å holde på Guds Ord i våre tanker.

For de mennesker som har en ånd som har dødd på grunn av den opprinnelige synden, ville deres døde ånd bli vekket opp hvis de aksepterte Jesus Kristus. Fra og med dette øyeblikket, idet de holder på Guds Ord i sinnet og lever etter det i våre liv, vil de få ånden gjennom Ånden. De vil hurtig kunne oppnå den åndelige oppveksten. For og derfor kunne holde på Guds Ord og leve etter det uten å endre det vil spille en stor rolle når en får tilbake ånden.

Hvorfor Menneskene ble Skapt

Det finnes mange åndelige skapninger i Himmelen, som for eksempel engler som hele tiden adlyder Gud. Men uansett er par enkelte tilfeller, har de ingen menneskelighet. De har ikke fri vilje hvor de kan velge å dele deres kjærlighet. Det er derfor Gud skapte den første mannen, Adam, som et menneske med Han kunne dele Hans sanne kjærlighet med.

For bare et øyeblikk kan du innbille deg at Gud er lykkelig mens han lager den første mannen Adam. Gud formet Adams lepper fordi Han ville at han skulle lovprise Gud; lagde hans ører fordi Han ville at han skulle høre på Guds stemme og adlyde det; lage hans øyne fordi Han ville at han skulle se alle de vakre tingene som Han hadde skapt og for å lovprise Gud.

Grunnen til at Guds skapte menneskene er for å motta

lovprisninger og ære gjennom dem og for å dele Hans kjærlighet med dem. Han ville ha barn som Han kunne dele alle de vakre tingene i universet og i Himmelen med. Han ville gjerne nyte gleden med dem alle i all evighet.

I boken med Apostlenes avsløreIse, kan vi se Guds barn som har blitt frelst og som tilber Guds trone i all evighet. Når de kommer til Himmelen, vil det bli så gledelig og lykkelig at de ikke kan hjelpe for å lovprise Gud og tilbe fra dypt inne i hjertene deres på grunn av at Guds forsyn sitter så dypt og er så gåtefullt.

Mennesker ble skapt som en levende ånd men ble kjødelige mennesker. Men hvis de blir åndelige mennesker igjen etter at de har erfart all slags glede, sinne, kjærlighet, og sorg, da kan de bli Guds sanne barn som gir kjærlighet, takknemlighet, og ære til Gud fra bunnen av deres hjerter.

Når Adam levde i Edens Have, kunne han ikke bli sett på som Guds sanne barn. Gud lærte ham bare godhet og sannhet, og han visste derfor ikke hva synder og ondskap var. Han hadde ingen ide om hva ulykke og smerter var. Edens Have er et åndelig sted, og det finnes ikke noe fordervelig eller dødelig der.

Det var på grunn av dette at Adam ikke visste meningen med døden. Selv om han levde i en forferdelig overflod og velstand, kunne han ikke føle en virkelig lykke, glede eller takknemlighet. Fordi han aldri erfarte noen sorg eller bedrøvelse, kunne han forholdsvis heller ikke føle en sann lykke eller glede. Han visste ikke hva hat var, og han kjente heller ikke til den sanne kjærligheten. Gud ville ikke at Adam skulle leve i all evighet uten å kjenne til den sanne lykken, gleden, takknemligheten, og kjærligheten. Det var derfor Han satte treet med kunnskapen om godt og ondt inn i Edens Have, slik at Adam til slutt kunne erfare de kjødelige tingene.

Når de som har erfart den kjødelige verden blir Guds barn igjen, da vil de helt sikkert forstå hvor god ånden er og hvor dyrebar sannheten er. De kan nå virkelig takke Gud for at han ga dem det evige livet i gave. Så fort vi forstår dette hjertet til Gud, ville vi ikke tvile på Hans grunn til å plante treet med kunnskapen om det gode og det onde og hvorfor Han lot mennesker lide på grunn av det. Men han ville heller takke og lovprise Gud fordi Han ga sin egen Sønn Jesus for å redde menneskene.

Gud Ville Gjerne Motta Ære fra de Sanne Barna

Gud kultiverer ikke bare menneskene for å få sanne barn, men også for å motta ære gjennom dem. Esaias 43:7 sier, *"Alle som er kalt med Mitt navn, alle dem Jeg har skapt, ja, dannet og formet til min ære. Herren alene er Gud og Frelser."* 1. Korinterne 10:31 sier også, *"Men enten dere spiser eller drikker, eller hva dere enn gjør, gjør alt til Guds ære!"*

Gud er den kjærlige og rettferdige Guden. Han forberedte ikke bare Himmelen og det evige livet for oss, men Han ga også Hans eneste Sønn for å redde oss. Gud er verdig med å motta ære av denne grunnen alene. Men det som Gud virkelig ville, var ikke å motta ære. Den egentlige grunnen til at Gud gjerne vil motta ære er for å så gi ære tilbake til menneskene som lovpriste Gud. Johannes 13:32 sier, *"...og er Gud blitt herliggjort gjennom ham, skal Gud også herliggjøre ham, og gjøre det snart."*

Når Gud mottar ære gjennom oss, gir Han oss en overflod med velsignelser her på jorden, og Han vil også gi oss evig ære i det himmelske kongerike. 1. Korinterne 15:41 sier, *"Det finnes en ære for solen, en annen ære for månen, og en annen for stjernenel for stjernene er forskjellige fra stjernen i æren."*

Dette snakker om foskjellen i oppholdsstedene og æren som hver og en av oss som har blitt frelst vil nyte i det himmelske kongerike. De himmelske oppholdstedene og æren som de fikk vil bli avgjort ifølge hvor mye synder vi har kastet vekk for å få et rent og hellig hjerte, og hvor trofast vi tjener Guds kongerike. Så fort de får dem kan de ikke forandre dem.

Gud skapte mennesker for å kunne få sannferdige barn som tilhørte ånden. Guds opprinnelige plan er for at menneskene gjennom deres frie vilje kan kaste vekk det kjødelige og sjeln som tilhører usannheten og så forandre de åndelige menneskene og den fullstendige ånden. Denne opprinnelige hensikten til Gud med å skape og kultivere mennesker vil bli fullført gjennom de menneskene som blir åndelige mennesker og den fullstendige ånden.

Hvor mange mennesker tror du lever i dag som er verdt Guds hensikt med å skape menneskene? Hvis vi virkelig forstår

Guds hensikt med å skape menneskene, ville vi absolutt seire over Guds speilbilde som hadde blitt tapt på grunn av Adams synd. Vi kunne bare se, høre, og snakke innenfor sannheten, og alle våre tanker og gjerninger ville bli hellige og perfekte. Det er slik en kan bli Guds sanne barn som gir større glede enn den lykken som Gud hadde hatt etter at Han hadde skapt det første menneske. Slike sanne barn fra Gud vil nyte æren i Himmelen som ikke engang kan bli sammenlignet med æren som den levende ånden, Adam, nøt i Edens Have!

3. Kapittel

Sanne Mennesker

Gud skapte menneske etter Hans eget speilbilde.
Guds ærlige vilje er at vi får tilbake
Guds tapte speilbilde og delta i Guds guddommelige natur.

Menneskenes Fullstendige Forpliktelse

Gud Spaserte Med Enok

Guds Venn Abraham

Moses Elsket Hans Folk Mer Enn Hans Eget

Apostelen Paulus Viste Seg Akkurat Som Gud

Han Kaldte Dem Gud

Hvis vi praksiserer på Guds Ord, can vi få tilbake det åndelige hjertet som er fylt med kunnskapen om sannheten, akkurat som den Adam hadde, siden han hadde vært en levende ånd før han syndet. Hele menneskenes forpliktelse er å overvinne Guds speilbilde som ble tapt på grunn av Adams synd og for å delte i Guds guddommelige natur. I Bibelen kan vi se at de som mottok Guds Ord og leverte det, de som preket om de hemmelige tingene til Gud, og de som åpenbarte om Guds Makt for å vise den levende Gud, ble sett på som så opphøyet at til og med kongene ville bukke for dem. Dette er fordi de var Guds sanne barn, Han som er den Høyeste (Salmenes bok 82:6).

Kong Nebuchadnezzar fra Babylon hadde en dag en drøm og ble urolig. Han tilkaldte tryllemannen og Chaldeanerne for å få dem til å tolke hans drøm uten at han helt forklarte dem om hans drøm. Dette var ikke mulig for noe menneske, men bare mulig for Gud som ikke lever i en menneskelig kropp.

Daniel som nå var et av Guds mennesker, spurte kongen om å tillate ham å vise ham hvordan han kan tolke hans drøm. Gud viste Daniel de hemmelige tingene i løpet av natten gjennom syn. Daniel gikk opp til kongen og fortalte ham om drømmen og ga ham tolkingen av den. Da faldt Kong Nebuchadnezzar ned på kne og hyllet Daniel, og ga ordre om å presentere ham med et offer og luktende røkelse, og ga også Gud ære.

Menneskenes Fullstendige Forpliktelse

Kong Salomon nøt mer herlighet og rikdom enn noen annen. Basert på det samlede kongerike som hans far David hadde etablert, vokste makten av hans land bare sterkere og mange naboland hyllet ham. Kongerike var på dens høyeste i løpet av hans herredømme (1. Kongeboken 10).

Men etterson tiden gikk, glemte han Guds nåde. Han trodde at alt bare ble gjort gjennom hans makt. Han forsømmet Guds Ord og brøt Gud befaling om å ikke gifte seg med Hederske kvinner. Han tok mange Hedniske elskerinne når han var på sitt siste. Han etablerte også hans høye plasser som Hedniske elkserinnene ville, og tilba også selv idolene.

Gud advarte ham to ganger om å ikke følge noen fremmede guder, men Salomon adlød ikke. De fikk til slutt Guds vrede i deres neste generasjon og Israel ble delt opp i to kongeriker. Han kunne ta alt det han ville, men den siste dagen profeterte han, *"Alt er tomhet, sier Forkynneren, Ja, alt er bare tomhet"* (Forkynneren 1:2).

Han innså at alle ting her i verden var meningsløse, og ble avsluttet, *"La oss høre all konklusjonen: Frykt Gud, og hold på hans budskaper: For dette er menneskets fullstendige forpliktelse"* (Forkynneren 12:13). Han sa at hele menneskenes forpliktelse er å frykte Gud og holde på Hans budskap.

Hva betyr så dette? Å frykte Gud er å hate ondskap (Salomos ordspråk 8:13). De som elsker Gud vil kaste vekk ondskap og holde på Hans budskap, og det er på denne måten de fullfører menneskenes fullstendige forpliktelse. Vi kan si at vi er fullstendige mennesker når vi kultiverer Herrens hjerte fullstendig for å få tilbake Guds speilbilde. La oss derfor nå forske inn i noen av eksemplene til noen patriarker og mennesker som har sann tro og som tilfredstilte Gud.

Gud Spaserte Med Enok

Gud spaserte med Enok i tre hundre år og tok ham levende til seg. Syndens belønning er døden, og det faktum at Enok ble tatt opp til himmelen uten å se døden er bevis på at Gud anerkjente at han var uskyldig. Han kultiverte et rent og uklanderlig hjerte som lignet Guds hjerte. Det er derfor Satan ikke kunne anklage ham for noe når han ble tatt levende.

I Første Mosebok 5:21-24 står det: *"Enok levde i seksti-fem år, og ble Methuselahs far. Da spaserte Enok med Gud tre hundre år etter at han hadde blitt Methuselahs far, og han fikk også andre sønner og døtre. Så Enok levde i tre hundre og seksti fem år. Enok spaserte med Gud. Så ble han borte; for Gud tok ham til seg."*

'Å spasere med Gud' betyr at Gud holder seg med denne personen hele tiden. Enok levde ifølge Guds vilje i tre hundre år.

Gud var med ham samme hvor han dro.

Gud er selve Lyset, godheten, og kjærligheten. For å spasere med en slik Gud, må vi ikke ha noe mørke i vårt hjerte, og vi må bli fylt med godhet og kjærlighet. Enok levde i en syndig verden, men han holdt seg selv ren. Han leverte også Guds budskap til verden. Judeas 1:14 sier, *"Det var også om dem Enok, Adams etterkommer i sjuende ledd, profeterte da han sa: 'Se, Herren kommer med sine hellige engler i tusentall.'"* Akkurat som det ble skrevet lot han folket vite om Herrens Andre tolbakekomst og Dommedagen.

Bibelen sier ikke noe om Enoks store prestasjoner eller at han gjorde noe ekstraordinært for Gud. Men Gud elsket ham så mye fordi han æret Gud og levde et hellig liv og han unngikk all ondskapen. Det er derfor Gud tok ham på en 'ung alder'. Mennesker på denne tiden levde i mer enn 900 år og han ble 365 når han ble tatt. Han var en ung, sprek mann.

Hebreerne 11:5 sier, *"I tro ble Enok rykket bort uten å dø. Ingen så ham mer, for Gud hadde tatt ham til seg. Før han ble rykket bort, fikk han vitnesbyrd om at han var til glede for Gud."*

Selv i dag vil Gud gjerne at vi skal leve et hellig og guddommelig liv og ha rene og vakre hjerter uten å bli flekket av verden slik at han kan hele tiden spasere med oss.

Guds Venn Abraham

Gud ville gjerne at menneskene skulle vite hva et sant barn fra Gud var gjennom Abraham, 'troens fader'. Abraham ble kalt 'velsignelsens kilde' og 'Guds venn'. En venn er en person som du kan stole på og dele dine hemmeligheter med. Det fantes også tider med rensing helt til Abraham helt kunne stole på Gud. Hvordan fikk så Abraham anerkjennelse fra Gud som en venn?

Abraham adlød bare med 'Ja' og 'Amen'. Når han først mottok Gud tillkallelse om å forlate hans hjemby, adlød han bare uten å vite hvor han skulle gå. Abraham søkte også etter andres gagn og etter fred. Han levde med hans nevø Lot og når de måtte dra, ga han hans nevø rettigheten til å først velge landet. Han hadde den første retten til å velge fordi han var onkelen, men han bare ga det fra seg.

Abraham sa i 1. Mosebok 13:9, *"Ligger ikke hele landet åpent foran deg? Skill heller lag med meg! Tar du til venstre, skal jeg dra til høyre; og tar du til høyre, skal jeg dra til venstre."*

For Abraham hadde et slikt vakkert hjerte, og Gud ga ham igjen løfte om velsignelsen. I 1. Mosebok 13:15-16 lovte Gud, *"...for hele det landet du ser, vil jeg gi deg ig din ætt for alltid. Jeg vil la din ætt bli som støvet på jorden. Kan noen telle støvet på jorden, skal også din ætt kunne telles."*

En dag angrep en hær fra flere konger Sodom og Gomorrah

hvor Abrahams nevø Lot levde og tok menneskene og krigsbytte. Abraham ledet hans trenede menn, som var født i huset hans, trehundre og atten av dem, og dro i forfølgelse så langt som til Dan. Han brakte tilbake alle gudene, og brakte også tilbake hans slektning Lot sammen med hans eiendeler, og også kvinnene og folket.

Her ville kong Salomon gi krigsbytte til Abraham for hans takknemlighet, men Abraham sa, *"Jeg tar ikke så mye som en tråd eller en sandalrem av alt det du eier. Du skal ikke ha det å si at du har gjort Adam rik"* (1. Mosebok 14:23). Det var ikke urettferdig å ta noe fra kongen, men han nektet kongens offer om å bevise at alle hans materialistiske veldignelser bare kom ifra Gud. Han søkte bare etter Guds ære med et slikt rent hjerte som var fritt fra selvgode ønsker, og Gud ga ham masse velsignelser.

Når Gud ba Abraham om å offre hans sønn Isak som et brennende offer, adlød han med det samme, fordi han stolte på Gud som hadde brakt de døde tilbake til livet. Gud etablerte ham til slutt som troens far, og sa, *"Jeg vil velsigne deg rikt og gjøre din ætt så tallrik som stjernene på himmelen og som sanden på havets strand. Dine etterkommere skal ta byene fra sine fiender. Og i din ætt skal alle folk på jorden bli velsignet fordi du lød Mitt ord"* (1. Mosebok 22:17-18). Gud lovte også ham at Hans Sønn, Jesus, som ville redde menneskene, ville bli født fra hans slektninger.

Johannes 15:13 sier, *"Ingen har større kjærlighet enn den som gir sitt liv for sine venner."* Abraham var villig til å offre hans eneste sønn Isak, som han elsket mye mer enn sitt eget liv, og slik viste han sin kjærlighet overfor Gud. Gud satte denne mannen Abraham opp som et eksempel for menneskenes kultivasjon ved å kalle ham Guds venn på grunn av hans store tro og kjærlighet for Gud.

Gud er allmektig og Han kan derfor gjøre alt og Han kan gi oss alt. Men Han gir sine barn velsignelser og svar på deres bønner til den grad hvor de vil endre seg ifølge sannheten gjennom den menneskelige kultivasjonen, slik at de kan føle Guds kjærlighet med takknemlighet for Hans velsignelser.

Moses Elsket Hans Folk Mer Enn Hans Eget

Når Moses var en prins i Egypt, drepte han en egypter for å hjelpe hans eget folk, og han måtte derfor flykte fra palasset til Farao. Fra da av levde han i villmarken som en hyrde og tok vare på flokken i førti år.

Moses var i en lavtstående stilling når han tok vare på flokken i villmarken i Midian, og han måtte gi opp all stoltheten og selvgodheten som han før hadde hatt som en prins i Egypt. Gud viste seg overfor denne ydmyke Moses og ga ham gjerningen om å bringe isralittene ut av Egypt. Moses måtte risikere sitt liv for å gjøre det, men han adlød og havnet foran Farao.

Hvis vi ser på oppførselen til isralittene, kan vi se hvor stort et hjerte Moses hadde når han aksepterte og omfavnet alle menneskene. Når menneskene møtte vanskeligheter, klaget de til Moses og prøvde til og med å ha ham steinet.

Når de ikke hadde vann, klaget de på at de var tørste. Når de hadde vann, klaget de på at de ikke hadde noe mat. Når Gud ga dem manna ovenfra, klaget de på at de ikke hadde noe kjøtt. De sa at de hadde spist gode ting i Egypt, fornedret manna ved å si at det er dårlig mat.

Når Gud til slutt snudde ansiktet sitt fra dem, kom slangene fra ørkenen og bet dem. Men de kunne fremdeles bli reddet for Gud hørte Moses alvorlige bønner. Menneskene hadde vært vitne på at Gud var sammen med Moses i lang tid, men de laget et idol ut av gull ku og tilba det rett etter at Moses ute av sikte. De ble også bedratt av Hedningene kvinnene til å begå utroskap, som også var åndelig utroskap. Moses ba til Gud med tårer på vegne av menneskene. Han ga sitt liv som kausjon for deres tilgvelse, selv om de ikke husket den nåden de hadde mottat.

2. Mosebok 32:31-32 sier:

> *Så gikk Moses tilbake til Herren og sa: "Å dette folket har gjort en stor synd! De har laget seg en gud av gull. Å, om du ville tilgi dem deres synd! Kan du ikke så stryk meg ut av boken som du skriver i!"*

Å her stryke ut navnet fra boken betyr at han ville bli reddet og at han ville lide i de evige flammene i Helvete, som er det samme som den evige døden. Moses kjente til dette faktum veldig godt, men han villle gjerne at menneskene skulle bli tilgitt selv om Han selv måtte offre seg selv på denne måten.

Hva tror du Gud følte når Han så denne Moses? Moses forstod godt Guds hjerte som hater synder, men som vil redde syndere, og Gud var tilfredstilt med ham og Han elsket ham veldig mye. Gud hørte denne bønnen med kjærlighet ifra Moses slik at isralittene kunne rømme fra ødeleggelsen.

Forestill deg at det finnes en diamant på den ene siden. Dette er feilfritt og på størrelse med en neve. Og på den andre siden finnes det flere tusen steiner på lignende størrelse. Hvilken ville være mer verdifull? Samme hvor mange steiner det er der, er det ingen som vil veksle dem for diamanten. På samme måte var Verdien av Moses, han som fullførte hensikten med menneskenes kultivasjon mer verdifull enn millioner av mennesker som ikke ville gjøre det (2. Mosebok 32:10).

4. Mosebok 12:3 prater om Moses som *"Men Moses var en meget ydmyk mann, mer ydmyk enn noe annet menneske på jorden"* og i 4. Mosebok 12:7 sikrer ham Gud ham og sier, *"Men annerledes er det med min tjener Moses; han er trofast i hele mitt hus."*

Bibelen forteller oss i mange steder hvor mye Gud elsker denne Moses. 2. Mosebok 33:11 sier, *"HERREN pratet derfor ansikt til ansikt til Moses, akkurat som et menneske prater til sin venn."* Og i 2. Mosebok 33, ser vi at Moses spurte Gud om å vise Seg Selv og Gud svarte ham.

Apostelen Paulus Viste Seg Akkurat Som Gud

Apostelen Paulus puttet hele hans liv i å arbeide for Herren og fremdeles var han hele tiden sønderknust angående hans fortid, for han hadde forfulgt Herren. Så han mottok takknemlig og villig alle de forferdelige prøvelsene ved å si, *"For jeg er den laveste apostelen, og er ikke skikket til å bli kalt en apostel fordi jeg forfulgte Guds kirke"* (1. Korinterne 15:9).

Han ble fengslet, slått mangfoldige ganger, hvor han ofte nesten døde. Fem ganger mottok han tretti-ni slag fra jødene. Tre ganger ble han slått med kjeppene, en gang ble han steinet, tre ganger havarerte han, en natt og en dag oppholdt han seg i dypet. Han hadde vært på mange reiser, vært i fare på grunn av elver, røvere, hans landsmenn, Hedninger, farer i byen, i villmarken, på havet, fare fra falske brødre; han hadde vært i hardt arbeid og hatt mange vanskeligheter, gjennom mange søvnløse netter, gjennom sult og tørste, og ofte uten mat, og i kulde.

Hans lidelse var så stor at han sa i 1. Korinterne 4:9, *"Men for meg ser det ut som om Gud har satt oss apostler aller nederst. Vi er som dødsdømte, stilt fram som et skuespill for verden, både for engler og for mennesker."*

Hva er så grunnen til at Gud tillot apostelen Paulus, han som var trofast, å motta en slik stor forfølgelse og vanskeligheter? Gud ville gjerne at Paulus skulle stå frem som en person med et vakkert hjerte som er like klart som krystall. Paulus hadde ingen andre enn Gud som han kunne stole på i nødsituasjoner hvor han kunne bli arrestert eller drept når som helst. Han fikk trøst og glede av Gud. Han nektet seg selv fullstendig og kultiverte Herrens hjerte.

Paulus følgende yrke er så rørende for han hadde kommet frem som en vakker person gjennom prøvelsene. Han ville ikke unngå noen vanskeligheter, selv om det var altfor vanskelig for et menneske å motstå. Han erklærte hans kjærlighet for kirken og medlemmene i 2. Korinterne 11:28 ved å si, *"I tillegg til alt det andre har jeg det som daglig ligger på meg, omsorgen for alle menighetene."*

Også i Romerne 9:3 sa han om de menneskene som gjerne ville drepe ham, *"Ja, jeg skulle gjerne vært forbannet og skilt fra Kristus, om det bare kunne være til hjelp for mine søsken, de som er av samme kjøtt og blod som jeg."* Her refererer 'mine brødre, mine landsmenn' til jødene og fariseerne som kraftig forfulgte og forstyrret Paulus.

Apostlenes gjerninger 23:12-13 sier, *"Neste morgen laget jødene en sammensvergelse mot Paulus. De sverget på at de verken ville spise eller drikke før de hadde drept ham. Over førti mann var med i denne sammensvergelsen."*

Paulus var aldri årsaken til at de hade dårlige tanker om ham personlig. Paulus løy aldri til dem eller skadet dem. Men bare på grunn av at han forkynte evangeliet og utførte Gud makt dannet de en gruppe som svor at de ville drepe ham.

Men han ba uansett om at disse menneskene skulle bli reddet, selv om dette betydde at han hadde mistet hans egen frelse. Det er på grunn av dette at Gud ga ham så mye makt. Han kultiverte mye godhet hvor han kunne offre hans eget liv for de som prøvde å skade ham. Gud lot ham utføre utrolige arbeid som for eksempel når onde ånder og sykdommer ble borte ved å bære lommetørklær eller forkle til de syke som han hadde rørt ved.

Han Kalte Dem Guder

Johannes 10:35 sier, *"De som Guds ord kom til, blir også i loven kalt guder, og Skriften kan ikke settes ut av kraft."* I det vi mottok Guds Ord og praksiserte det, ble vi sanne mennesker, nemlig åndelige mennesker. Det er på denne måten vi kan ligne på Gud som er selve ånden: for å bli et åndelig menneske og også et menneske som har den fullstendige ånden. Og til den samme utstrekning, kan vi vise oss som gudlige mennesker.

2. Mosebok 7:1 sier, *"Da sa Herren til Moses: 'Se, jeg lar deg være som Gud og Farao, og din bror Aron skal være din profet.'"* 2. Mosebok 4:16 sier også, *"Han skal tale til folket for deg. Slik skal han være munn for deg, og du skal være som Gud for ham."* Akkurat som det ble skrevet skjenket Gud så stor makt til Moses at han virket som en Gud for menneskene.

I Apostelens gjerninger 14, i Jesus Kristus navn, fikk Paulus en mann som ikke før hadde kunnet stå, til å nå kunne spasere. I det han stod opp og hoppet fremover var folkene så forbauset at de sa, *"Gudene har blitt akkurat som mennesker og de har kommet ned til oss"* (Apostlenes gjerninger 14:11). Og akkurat samme som i dette eksempelet vil de som spaserer med Gud virke som Guder fordi de er åndelige mennesker, selv om de har fysiske kropper.

Det er derfor det ble beskrevet i Peters 2. brev 1:4: *"Slik har vi fått de største og mest dyrebare løfter. Ved dem skulle dere få del i guddommelig natur når dere har sluppet unna forfallet, som kommer fra lystene i verden."*

La oss forstå at det er Guds alvorlige ønske om at mennesker deltar i Guds guddommelige natur, slik at vi burde kaste bort det fordervede kjøttet hvor bare makten av mørket er gelden, føder ånden gjennom Ånden, og ville egentlig delta i Guds guddommelige natur.

Så fort vi når nivået til den fullstendige ånden, betyr dette at vi har fått tilbake hele ånden. Å få tilbake hele ånden betyr at vi har fått tilbake Guds speilbilde som hadde blitt tapt på grunn av Adams synd, og dette betyr at vi deltar i Guds guddommelig natur.

Så fort vi når dette nivået, kan vi motta makten som tilhører Gud. Guds makt er en gave som blir gitt til de barna som ligner Gud (Salmenes bok 62:11). Beviset om å ha mottat Guds makt er tegn og under, utrolige mirakler, og vidunderlige ting, some har alle blitt åpenbart av undrene fra den Hellige Ånd.

Hvis vi mottar slik makt, kan vi føre uttallige sjeler mot frelsens liv. Peter utførte mange store arbeider gjennom den Hellige Ånds makt.

Bare ved å forkynne en gang, ble mer enn fem tusen

mennesker reddet. Guds makt er beviset på at den levende Gud holder seg sammen med denne personen. Dette er også en god måte å plante troen i menneskene på.

Mennesker ville ikke ha troen i det hele tatt hvis de ikke ser tegn og under (Johannes 4:48). Gud åpenbarer derfor Hans makt gjennom menneskene med den fullstendige ånden som fullstendig har overvunnet ånden slik at menneskene kan tro på den levende Gud, Frelseren Jesus Kristus, Himmelen og Helvetes tilværelse, og Bibelens sannhet.

4. Kapittel

Åndelig Rike

Bibelen forteller oss ofte om det åndelige rike
og mennesker som har erfaring med det.
Det er også et åndelig rike som vi kan gå til etter dette livet her på jorden.

Når menneskene som har gjenvunnet Guds tapte speilbilde er ferdige med deres liv her på jorden, vil de gå tilbake til det åndelige riket. I motsetning til det fysiske riket, har det åndelige rike uendelig plass. Vi kan ikke måle dens høyde, dybde, eller bredde.

Et slikt uendelig åndelig rike kan bli delt inn i plassen for lyset som tilhører Gud og den mørke plassen som er tillatt for de onde åndene. I lysets plass er Himmelens Kongerike forberedt for Guds barn som har blitt frelst gjennom troen. Hebreerne 11:1 sier, *"Troen er sikkerhet av tingene en håper for, og overbevisning om de tingene som en ikke kan se."* Akkurat som de sa det er det åndelige riket er verden som ikke kan bli sett. Men som vindens virkelighet i den fysiske verden ikke kan bli bevist, men allikevel eksisterer den, vil de åpenbare bevisene på dens tilstedeværelse som forekommer bekrefte dens tilstedeværelse ved og troende håpe på noe som vi ikke virkelig kan håpe på her i denne fysiske verden.

Troen er porten som forbinder oss med det åndelige riket. Dette er veien for oss som lever i denne fysiske verden for å kunne møte Gud som oppholder seg i det åndelige riket. Gjennom troen kan vi kommunikere med Gud som er selve ånden. Vi kan høre og forstå Guds Ord med våre åpne åndelige ører, og med våre åpne åndelige øyne, kan vi se det åndelige riket som vi ikke kan se med fysiske øyne.

I det vår tro øker, vil vi bare få mer og mer håp for det himmelske kongerike og bare forstå Guds hjerte mye dypere. Når vi kan innse og føle Hans kjærlighet, da kan vi ikke stoppe å elske Ham. Og når vi for øvrig en gang fikk en perfekt tro, da vil tingene i det åndelige rike finne sted, noe som er absolutt umulig her i denne fysiske verden fordi Gud vil være med oss.

Apostelen Paulus Kjente Til det Åndelige Rikets Hemmelighet

I 2. Korinterne 12:1 og videre vil Paulus forklare hans erfaring med det åndelige rike og si, *"Jeg må altså skryte av meg selv, enda det ikke tjener til noe. Jeg kommer nå til de syner og åpenbaringer jeg har fått fra Herren."* Dette gjelder hans erfaring med å ha vært i det himmelske kongerikets Paradis i den Tredje Himmelen.

I 2. Korinterne 12:6 sier han, *"Og selv om jeg skulle ønske å skryte, ville jeg ikke være fra forstanden, for det jeg sa, ville være sant. Men jeg lar det være, for jeg vil ikke at noen skal gjøre seg større tanker om meg enn de får når de ser og hører meg."* Apostelen Paulus hadde mange åndelige erfaringer og mottok Guds åpenbarelser, men han kunne ikke prate om alt det han visste angående det åndelige riket.

I Johannes 3:12 sa Jesus, *"Hvis jeg fortalte deg verdslige ting og du ikke tror på meg, hvordan vil du tro på meg hvis jeg forteller deg om himmelske ting?"* Selv etter at vi har sett så mange mektige ting med deres egne øyne, kunne ikke Jesus disipler fullstendig tro på Jesus. De begynte å få en sann tro bare etter at de har vært vitne til Herrens oppstandelse. Etter dette dedikerte de livene deres til Guds kongerike og evangeliets utbredelser. På samme måte visste Paulus godt om det åndelige rike og han fullførte hans forpliktelse fullstendig.

Finnes det ikke en måte vi kan føle og forstå det mystiske åndelige rike akkurat som Paulus hadde gjort? Selvfølgelig gjør det det. Først og fremst burde du lengte etter det åndelige rike. Å ha en ivrig lengsel etter det åndelige riket vil være vitne til at han anerkjenner og elsker Gud som er selve ånden.

Det Uendelige Åndelige Riket som Ble Beskrevet i Biebelen

I Bibelen kan vi finne mange skrifter om det åndelige rike og de åndelige erfaringene. Adam ble skapt som et levende vesen, som er det samme som et åndelig vesen, og han kunne kommunikere med Gud. Selv etter ham kom det mange profeter som kommunikerte med Gud og som noen ganger direkte hørte Guds stemme (Første Mosebok 5:22, 9:9-13; 2. Mosebok 20:1-17; 4. Mosebok 12:8). Noen ganger viste engler seg til menneskene slik at de kunne levere Guds budskap. Det finnes også skrifter angående de fire levende skapningene (Esekiel 1:4-14), basunengel (2. Samuel 6:2; Esekiel 10:1-6), livlige hester og brennende stridsvogner (2. Kongeboken 2:11, 6:17), som tilhører det åndelige riket.

Røde Havet ble delt i to. Vannet kom ut av en stein gjennom Guds menneske, Moses. Solen og månen stoppet og stod stille gjennom Josvas bønner. Elias ba til Gud og brakte ilden fra himmelen. Etter at han var ferdig med alle hans forpliktelser her på jorden, ble Elias tatt opp til Himmelen i en virvelvind. Disse er eksempler på tilfeller hvor det åndelige riket ble innhyllet i denne fysiske plassen.

I tillegg, i 2. Kongeboken 6, når Arams hær kom for å fange Elisja, åpnet Elisjas tjener, Gehazis åndelige øyne seg opp og han var så vitne til mange livlige hester og stridsvogner som omringet Elisja og beskyttet ham. Daniel ble kastet inn i løvehulen av prester som han arbeidet sammen med, men han ble ikke skadet i det hele tatt for Gud sendte Hans engel til å lukke munnen til løvene. Daniels tre venner adlød ikke kongen slik at de kunne holde på troen deres og ble kastet inn i den brennende ovnen som var sju ganger varmere enn vanlig. Men ikke et eneste hår på deres hode ble svidd.

Guds Sønn, Jesus, fikk også en menneske kropp når Han kom ned til denne verden, men Han åpenbarte ting fra det uendelige åndelige rike, og var ikke begrenset av den fysiske plassens grenser. Han vekket opp de døde, helbredet forskjellige syke, og spaserte på vannet. Og dessuten viste Han seg plutselig overfor Hans to disipler som var på vei til Emmaus, etter hans oppstandelse (Lukas 24:13-16), og Han gikk gjennom veggene i huset og viste seh i huset for de disiplene som var redde for jødene og som lukket seg selv inn i huset (Johannes 20:19).

Dette er teleportering, overskridelse av den fysiske plassen. Det forteller oss at det åndelige riket overskrider tiden og verdensrommets grenser. Det finnes et åndelig sted utenom det fysiske stedet som vi kan se med våre øyne, og Han beveget seg langsmed dette åndelige stedet for å kunne vise seg på et sted og når Han ville.

De barna av Gud som har statsborgerskap i Himmelen m ha lengtet etter de åndelige tingene. Gud lar slike mennesker som har en slik lengsel, erfare det åndelige rike, som Han pratet om det i Jeremias 29:13, *"Dere vil søke etter Meg og finne Meg når dere søker etter Meg med hele deres hjerte."*

Vi kan komme til ånden og Gud kan åpne våre åndelige øyne når vi kaster vekk bort vår selvgodhet, selvbegreper og selvopptatte rammeverk i tillegg til deres lengsel.

Apostelen Johannes var en av de tolv disiplene til Jesus (Johannes' åpenbaring 1:1, 9). I e.Kr. ble han arrestert av Domitianus, den romerske Keiseren og kastet inn i en kjele med kokende olje. Men han døde ikke, men flyktet fra landet og til Patmos Øyene i Aegean Sjøen. Der skrev han boken 'Johannes åpenbarelse'.

For at Johannes kunne motta de dype avsløringene, måtte

han ha visse kvalifikasjoner. Kvalifikasjonene er at han måtte være hellig uten å ha noen form for ondskap og måtte også ha Herrens hjerte. Han kunne ta ned de dype hemmelighetene og avsløringene fra Himmelen i inspirasjon fra den Hellige Ånd gjennom iherdige bønner som ble ofret med et fullstendig rent og hellig hjerte.

Himmelen og Helvete Eksisterer Helt Sikkert

I det åndelige rike finner en Himmelen og Helvete. Rett etter at jeg hadde åpnet Manmin kirken, viste Gud meg en gang Himmelen og Helvete i mine bønner. Skjønnheten og lykken som en finner i Himmelen kan ikke bli uttrykket eller gitt muntlig.

I det Nye Tesatmentets tider, ville de som aksepterte Jesus Kristus som deres personlige Frelser, motta tilgivelse av syndene og frelsen. De vil først komme til den Øvre Graven etter at deres verdslige liv er over. Der oppholder de seg i tre dager for å tilpasse seg det åndelige rike, og så flytter de til ventestedet i Paradiset i Himmelens kongerike. Troens far Abraham styrte den Øvre Graven helt til Herrens oppstigning, og det er derfor vi kan finne en skrift i Bibelen om at den fattige mannen Lasarus 'lå i Abrahams barm'.

Jesus forkynte evangeliet til sjelene i den Øvre Graven etter at Han hadde tatt Hans siste åndedrag på korset (1. Peter 3:19). Etter at Jesus forkynte om evangeliet i den Øvre Graven, oppstod

Han og brakte alle sjelene der til Paradiset. Siden da har disse sjelene som har blitt frelst blitt igjen i Himmelens ventested, det som ligger på utsiden av Paradiset. Etter den Store Hvite Tronedommen er over, vil de havne inn i hver deres himmelske oppholdssted ifølge hvor mye tro hver og en har, og vil så leve der i all evighet.

Ved deb Store Hvite Tronedommen, som vil bli holdt etter at den menneskelige kultivasjonen er over, vil Gud dømme hver eneste handling til alle som har blitt født siden skapelsen, om det er godt eller ondt. Dette er kaldt den Store Hvite Tronedommen fordi Guds dømende trone vil bli så sterk og vakkert at det vil se fullstendig hvitt ut (Johannes' åpenbaring 20:11).

Den store dommen vil bli holdt etter Herrens andre nedkomst i luften og på Jorden, og etter det Millenium Kongerike er over. For de sjelene som blir reddet, vil det bli for dømming av belønningene, og for de som ikke blir reddet, vil det bli straffens dom.

Livet Etter Døden for Sjelene Som Ikke Har Blitt Reddet

De som ikke har akseptert Herren og de som har erklært deres tro på Ham, men som ikke har blitt frelst vil bli tatt av to budbringere fra Helvete etter de dør. De vil holde seg på et sted som likner et stort hull i tre dager for å bli klar til å leve i den Lavere Graven. Det er bare massevis av smerter som venter på dem. Etter tre dager, vil de bli flyttet til det Lavere Dødsrike, hvor de vil motta deres respektive straffer ifølge deres synder. Det Lavere Dødsrike som tilhører Helvete er like uendelig som Himmelen, og det finnes mange forskjellige steder hvor en kan ta imot sjelene som ikke har blitt reddet.

Ikke før den Store Hvite Tronedommen fant sted, oppholder sjelene seg i det Lavere Dødsrike når de får forskjellige slags straffer. Disse straffene inkluderer å bli oppspist av insekter eller dyr, eller å bli torturert av budbringerne fra Helvete. Etter den Store Hvite Tronedommen vil de havne enten inn i ildtjernet eller svovelen (som også blir kaldt tjernet med den brennende svovelen) og motta all lidelsen i all evighet (Johannes' åpenbaring 21:8).

Straffen i tjernet med ilden eller svovelen er uforlignelig mer smertefullt enn straffen fra det Lavere Dødsrike. Ilden fra Helvete er utrolig sterk. Tjernet med svovelen er sju ganger varmere enn tjernet med ilden. Det er for de menneskene som begikk utilgivelige synder som for eksempel, blasfemi og å stå opp imot den Hellige Ånd.

Gud viste med en gang tjernet med ilden og tjernet med svovelen. Stedene var uendelige og ble fylt med noe som liknet damp som kommer opp ifra kokende kilder, og en kunne ikke lett se menneskene. En kunne se noen fra brystet deres, og andre ble dykket ned i tjernet helt opp til halsen. I tjernets flammer skrek og bukte de seg, men i tjernet med svovelen, var smerten så høy at de kunne ikke engang bukte seg. Vi burde tro på at denne usynlige verden helt sikkert eksisterer og lever ifølge Guds Ord slik at vi helt sikkert vil motta frelse.

Ettersom Solen og Månen er Ulike I Æren

Ved forklaringen på vår kropp etter vår oppstandelse, sa apostelen Paulus, *"En glans har solen, en annen har månen og en annen igjen har stjernene. Ja en stjerne skiller seg fra en annen i glans"* (1. Korinterne 15:41).

Æren til solen refererer til æren som blir gitt til de som har fullstendig kastet vekk deres synder, blir renset, og har vært trofaste i alle Guds hus her på jorden. Æren til månen refererer til æren som blir gitt til de som ikke har oppnådd ærens nivå til solen. Æren til stjernene blir gitt til de som har oppnådd enda mindre enn æren til månen. Og ettersom stjernen er forskjellig ifra stjernen i æren, vil alle motta forskjellig ære og belønninger, selv om hver av dem vil komme inn til det samme nivået i Himmelen.

Bibelen forteller oss at vi vil motta forskjellig ære i Himmelen. De himmelske oppholdsstedene og belønningene vil være forskjellig avhengig av hvor mye vi kaster vekk syndene, hvor mye åndelig tro vi har, og hvor trofaste vi har vært i Guds kongerike.

Himmelens kongerike har mange oppholdssteder som har blitt gitt til hver og en av dem ifølge hvor mye tro en har.

Paradiset blir gitt til de som har den minste troen. Det Første Kongerike i Himmelen ligger på et høyere nivå enn Paradiset, og det Andre Kongerike i Himmelen er bedre enn det Første, og det Tredje Kongerike i Himmelen er bedre enn det Andre. I Himmelens Tredje Kongerike ligger byen det Nye Jerusalem hvor Guds trone ligger.

Himmelen Kan Ikke Bli Sammenlignet Med Edens Have

Edens Have er slikt et vakkert og fredelig sted at det vakreste stedet på Jorden kan ikke sammenlignes med det, men Edens Have kan ikke begynne å sammenlignes med det himmelske kongerike. Lykken som en føler i Edens Have og som en kan føle i det himmelske kongerike er fullstendig forskjellig fordi Edens Have ligger i den andre himmelen og det himmelske kongerike ligger i den tredje himmelen. Det er også fordi de som lever i Edens Have ikke er sanne barn som har gjennomgått prosessen med den menneskelige kultivasjonen.

Forestill deg at det jordslige livet er et liv i mørket uten noe lys. Da vil Edens Have bli i likhet med en lampe, og livet i Himmelen er akkurat som å leve med skinnende elektriske lys. Før den elektriske pæren brukte de lamper, som var ganske svake. Men fremdeles var de også veldig verdifulle. Når mennesker først så de elektriske lysene, ble de overrasket.

Det har allerede blitt nevnt at forskjellige himmelske

oppholdssteder vil bli gitt til menneskene ifølge troens målestokk og det åndelige hjertet som de kultiverte i løpet av deres verdslige liv. Og hvert himmelske oppholdssted er betydelig forskjellig fra hverandre i æren og lykken som de følte. Hvis vi går lenger enn nivået av bare frelse for å bli trofast i alle Guds hus og bli et fullstendig åndelig menneske, kan vi gå inn til det Nye Jerusalem hvor Guds trone ligger.

Det Nye Jerusalem, den Beste Gaven til de Sanne Barna

Akkurat som Jesus sa i Johannes 14:2, *"I Mitt Fars hus ligger det mange oppholdssteder,"* det finnes egentlig mange oppholdssteder i Himmelen. Det er byen det Nye Jerusalem som huser Guds trone, mens det også finnes Paradiset, som er en plass som er tillatt for de som knapt har mottat frelse.

Byen det Nye Jerusalem som også ble kaldt 'den Ærede Byen', er det vakreste stedet balndt alle de himmelske oppholdsstedene. Gud vil ikke at alle bare skal motta frelse, men også komme inn til denne byen (1. Timoteus 2:4).

En bonde kan ikke bare få den beste kvaliteten med hvete på hans gårdsbruk. Og heller ikke alle som mottar den menneskelige kultivasjonen kan vise seg som Guds sanne barn som holder seg i den fullstendige ånden. Så for de som ikke ville bli kvalifisert til å komme inn til byen det Nye Jerusalem, laget Gud i stand mange oppholdssteder fra Paradiset til det Første, Andre, og det Tredje

Kongerike i Himmelen.

Paradiset og det Nye Jerusalem er veldig forskjellige, på mye av den samme måten som en liten simpel hytte og et kongelig palass er forskjellige fra hverandre. Akkurat som foreldre gjerne vil gi barna deres de beste mulige tingene, vil Gud at vi skal bli Hans sanne barn og dele alle tingene med Ham i det Nye Jerusalem.

Guds kjærlighet er ikke begrenset til en viss gruppe mennesker. Det blir gitt til alle de som aksepterer Jesus Kristus. Men de himmelske oppholdsstedene og belønningene, og målingen av hvor mye Guds kjærlighet blir gitt er forskjellig ifølge hver enkelt persons frelse og trofasthet.

De som går til Paradiset, Himmelens Første Kongerike, eller Himmelens Andre Kongerike, har ikke fullstendig kastet vekk deres kjøtt, og de er ikke virkelig Guds sanne barn. Akkurat som små barn ikke kan forstå alt angående deres foreldre, er det også vanskelig for dem å forstå Guds hjerte. Det er også derfor Guds hjerte og rettferdighet at Han forberedte forskjellige oppholdssteder ifølge hvor mye tro en har. Akkurat som en nyter best å henge sammen med venner på samme alder, er det mer komfortabelt og nytende for de himmelske innbyggerne å kunne samle seg sammen med de som har like trosnivåer.

Byen det Nye Jerusalem er også bevis på at Gud har fått perfekt frukt gjennom den menneskelige kultivasjonen. De tolv grunnsteinene i byen beviste at hjertene til Guds barn som hadde kommet til byen er like vakre som de dyrebare edelsteinene. Perleporten beviser at de barna som gr gjennom disse portene har kultivert utholdenhet akkurat som skjellene lager perler med deres uutholdenhet.

Idet de gr gjennom perleportene, blir de minnet på når deres tålmodighet og standhaftighet for å kunne ha kommet inn til Himmelen. Når de spaserer på de gyldne gatene, vil de huske de troende veiene som de tok her på jorden. Størrelsen og dekorasjonene på husene som hvert menneske får vil minne dem om hvor mye de elsker Gud og hvordan de ga ære til Gud gjennom troen deres.

De som kan komme inn til byen det Nye Jerusalem kan stå ansikt til ansikt med Gud, for de har kultivert et hjerte like rent og vakkert som krystall og har blitt Guds sanne barn. De vil også bli tjent av mangfoldige engler og leve i en evig lykke og glede. Det er slik et henrivende og hellig sted utenom noe menneskes fantasi.

Akkurat som det er forskjellige slags bøker finnes det også i himmelen forskjellige bøker. Livets bok som skriver ned navnene på de som blir frelst. Det er også en bok angående minne, som skriver om ting som kan minnes i all evighet. Det er en gylden farve og har adelige og kongelige mønster på forsiden, slik at en kan lett se at det er en bok med stor verdi. Det har blitt skrevet i detaljer om hvilke personer som gjorde hva slags ting i hvilke situasjoner, og de viktige tingene blir også fortalt på video.

Det opptar slike begivenheter som når Abraham offret hans sønn Isak som et brennende offer; når Elias dro ned ilden fra himmelen; når Daniel ble beskyttet i løvehulen; og når Daniels tre venner ikke ble skadet i det hele tatt i den brennende ovnen for å lovprise Gud. Gud valgte en viss nydelig dag for å åpne en del av boken og introdusere innholdet til menneskene. Guds barn hørte på Ham med lykke og hyllet Gud med lovrpisninger.

Og også i byen det Nye Jerusalem ble det holdt mange festmiddager hele tiden, inkludert festmiddagene som ble holdt av Gud Faderen. Herren, den Hellige Ånd, og også slike profeter som Elias, Enok, Abraham, Moses, og apostelen Paulus holdt festmiddager. Andre troende kan også invitere andre brødre til å holde festmiddager. Festmiddager er høydepunktet av lykken i det himmelske livet. Det er stedet hvor en flyktig kan se og nyte overfloden, friheten, skjønnheten, og Himmelens ære.

Selv her på jorden vil mennesker dekorere seg selv med de vakreste tingene og nyte å spise og drikke i store festsaler. Det er det samme i Himmelen. I festsalene i Himmelen vil englene opptre med sang og dans og spille musikk. Guds barn vil kanskje også synge og danse til musikk. Plassen er fylt med vakre danser og synging og lyder av lykkelig latter. De kan ha lykkelige samtaler med troens brødre som sitter rundt bordet her og der, eller de kan hilse på troens patriarker som de har lengtet etter å møte.

Hvis de blir invitert til en festmiddag som har blitt holdt av Herren, da vil de troende streve med å dekorere seg selv som de vakreste brudene til Herren. Herren er vår åndelige brudgom. Når Herrens bruder når fronten av slottet til Herren, vil to engler ydmykende motta dem på hver deres side av porten som er skinnende med gyldne lys.

Veggene i slottet er dekorert med forskjellige dyrebare edelsteiner. Toppen av veggen er utsmykket med vakre blomster, og disse blomstene utgir en mild aroma for Herrens bruder som akkurat har kommet dit. I det de går inn til slottet kan de høre lyden av musikk som rører ved selv deres dypeste ånd. De føler lykke og støtte med den lovprisende lyden, og de blir rørt dypt med deres takknemligheter, og tanken på Guds kjærlighet som har ført dem til dette stedet.

Når de spaserer på veien med gullet opp til hovedbygningen av Herrens slott og ledet av englene, vil hjertene deres bli fylt med opphisselse. I det de nærmer seg hovedbygningen, kan de se Herren som kom ut for å motta dem. Deres øyne blir fylt med tårer med det samme, men de vil nå springe imot Herren for de vil gjerne møte Herren så fort som mulig.

Herren klemmer dem en etter en med Hans ansikt som er fylt med kjærlighet og medlidenhet, og med Hans åpne armer. Han ønsker dem velkommen og sier, "Kom! Mine vakre bruder! Velkommen!" De troende som får en varm mottakelse av Herren ville takke Kam med hele hans hjerte og si, "Jeg vil virkelig takke Deg for at du inviterte meg!" Akkurat som de som dypt delte deres kjærlighet vil de spasere hånd i hånd med Herren og bare observere her og der rundt dem, og ha samtaler med Ham om at de gjerne ville hatt så mye her på jorden.

Livet i byen det Nye Jerusalem, leve med Guds Treenige, er fylt med kjærlighet, lykke, glede, og gladhet. Vi kan stå ansikt til ansikt med Herren, holde oss ved Hans hjerte, reise sammen med Ham, og nyte mange ting sammen med Ham! Hvilket liv ville ikke dette bli! For å kunne nyte en slik lykke, må vi bli hellige og fullføre ånden, og også hele ånden som ligner Herrens hjerte fullstendig.

La oss derfor hurtig fullføre den fullstendige ånden med et slikt håp, motta velsignelse på alt som går oss godt og være friske idet vår sjel vokser, og senere komme så nærme som mulig til Guds trone i den ærede byen det Nye Jerusalem.

Forfatteren:
Dr. Jaerock Lee

Dr. Jaerock Lee ble født i Muan, Jeonnam Province, republikken Korea, i 1943. Når han var i tjueårsalderen, led Dr. Lee av forskjellige uhelbredelige sykdommer i sju år og ventet på å dø uten håp om å bli helbredet. En dag på våren 1974 ble han imidlertidig ført til kirken av hans søster og når han knelte ned for å be, da helbredet Gud ham med det samme.

Fra det øyeblikket Dr. Lee møtte den levende Gud gjennom denne vidunderlige erfaringen, har han elsket Gud med hele hans hjerte og med all oppriktighet, og i 1978 ble han utpekt for å bli Guds tjener. Han ba iherdig med uttallige fastende bønner slik at han klart kunne forstå Guds vilje, fullstendig forstå det og adlyde Guds Ord. I 1982 startet han Manmin Sentral Kirken i Seoul, Korea, og det skjedde mangfoldige arbeider fra Gud, inkludert vidunderlige helbredelser, tegn og undere i denne kirken.

I 1986 ble Dr. Lee presteviet som en prest ved den Årlige Forsamlingen til Jesus' Sungkyul Kirken i Korea, og fire år etterpå i 1990, begynte hans gudstjeneste å kringkaste i Australia, Russland, Fillipinene, og mange flere gjennom Den Fjerne Østens Kringkastingsfirma, den Asias Kringkastings Stasjonen, og Washington Kristelige Radio System.

Tre år senere i 1993, ble Manmin Sentral Kirken valgt som en av "Verdens 50 Beste Kirker" av det *Christian World* magasinet (US) og han mottok en Æret Guddommelig Doktorgrad fra Christian Faith College, Florida, USA, og i 1996 fikk han en Doktorgrad i filosofi i Menigheten fra Kingsway Theological Seminary, Iowa, USA.

Siden 1993 har Dr. Lee vært i spissen for verdens verdens evangelisering gjennom mange utenlandske kampanjer i Tansania, Argentina, L.A., Baltimore, Hawaii, og New York City i USA, Uganda, Japan, Pakistan, Kenya, og Filippinene, Honduras, India, Russland, Tyskland, Peru, Den Demokratiske Republikk i Kongo, Israel og Estonia.

I 2002 ble han kaldt "verdens vekkelsespredikant" av store Kristelige aviser i Korea for hans mektige menigheter i de forskjellige utenlandske kampanjene. Hans 'New York Kampanje 2006' som ble holdt i Madison

Square Garden, den mest verdensberømte arenaen, ble spesielt kringkastet til 220 nasjoner, og i hans 'Israel Samlede Kampanje 2009' som ble holdt i det Internasjonale Konferanse Senteret i Jerusalem proklamerte han modig at Jesus Kristus er Messias og Frelseren. Hans gudstjeneste er kringkastet til 176 nasjoner via satelitter inkludert GCN TV og han ble satt som en av de 10 Mest Inflytelsesrike Kristelige Ledere i 2009 og 2010 av det Russiske populære Kristelige bladet *In Victory* og det nye firma *Christian Telegraph* for hans mektige TV kringkasting menighet og den utenlandske menigheten med kirkeprester.

Fra mai 2017 og fremover har Manmin Sentral Kirken en menighet på mer enn 120,000 medlemmer. Det finnes 11,000 søster kirker rundt omkring på kloden inkludert 56 innenlandske søster kirker, og opp til nå har mer enn 102 misjonærer blitt sendt til 23 land, medregnet Amerika, Russland, Tyskland, Canada, Japan, Kina, Frankrike, India, Kenya, og mange flere.

Opp til datoen av denne utgivelsen har Dr. Lee skrevet 108 bøker, inkludert bestselgeren *Å Smake på Det Evige Livet Før Døden, Mitt Liv Min Tro I & II, Korsets Budskap, Troens Målestokk, Himmelen I & II, Helvete,* og *Guds Makt.* Hans arbeider har blitt oversatt til mer enn 76 språk.

Hans kristelige spalter står skrevet i *The Hankook Ilbo, The JoongAng Daily, The Chosun Ilbo, The Dong-A Ilbo, The Seoul Shinmun, The Kyunghyang Shinmun, The Hankyoreh Shinmun, The Korea Economic Daily, The Korea Herald, The Shisa News,* og *The Christian Press.*

Dr. Lee er for tiden lederen av mange misjonsorganisasjoner og foreninger: inkludert Formann, The United Holiness Church of Jesus Christ; Permanent President, The World Christianity Revival Mission Association; Founder & Board Chairman, Global Christian Network (GCN); Founder & Board Chairman, World Christian Doctors Network (WCDN); and Founder & Board Chairman, Manmin International Seminary (MIS).

Himmelen I & II

Et detaljert utdrag av de forferdelig flotte omgivelsene som de himmelske innbyggerne nyter og vakker beskrivelse om forskjellige nivåer av de himmelske kongerikene.

Korsets Budskap

Et mektig og oppvekkende budskap for alle menneskene som sover åndelig! I denne boken vil du finne grunnen til at Jesus er den eneste Frelseren og Guds virkelige kjærlighet.

Helvete

Et oppriktig budskap til alle mennesker ifra Gud, som ikke ønsker at en eneste sjel skal falle inn i dypet av helvete! Du vil oppleve en beretning som aldri før har blitt avslørt om den grusomme virkeligheten til det Lavere Dødsrike og helvete.

Ånd, Sjel og Kropp II

En forklaende bok som beskriver om Guds opprinnelse og form, ånders plasser, dimensjoner, og Lyset og mørket og hemmelighetene som vi får for å bli personer med fullstendig ånd som kan overskride menneskelig grenser.

Troens Målestokk

Hva slags oppholdssted, kroner og belønninger blir forberedt for deg i himmelen? Denne boken gir deg visdom og veiledning slik at du kan måle din tro og kultivere den beste og mest modne troen.

Våkn Opp Israel

Hvorfor har Gud holdt øye med Israel helt fra verdens begynnelse og til denne dagen? Hva slags forsyn har Han forberedt for Israel de siste dagene, de som venter på Messias?

Mitt Liv, Min Tro I & II

Den vakreste åndelige duften fra livet som blomstret sammen med en uforlignelig kjærlighet for Gud, midt i de mørke bølgene, kalde åkene og de dypeste fortvilelsene.

Guds Makt

Dette er noe som en må lese og som gir oss en nødvendig veiledning hvor en kan ha sann tro og erfare Guds vidunderlige makt.

www.ingramcontent.com/pod-product-compliance
Lightning Source LLC
LaVergne TN
LVHW021940220826
846092LV00010B/1182

* 9 7 9 1 1 2 6 3 0 3 0 4 5 *